रत्नमार्गदर्शिका

नरेश सिंगल, नंदिता सिंगल

notionpress
.com

INDIA • SINGAPORE • MALAYSIA

ISBN
Paperback 979-8-90431-078-3
Hardcase 979-8-90431-079-0

रत्नमार्गदर्शिका

ग्रह, मन, परंपरा और रत्न-विज्ञान की सरल, व्यावहारिक और संतुलित समझ

- नरेश सिंगल, नंदिता सिंगल

अनुक्रमणिका

समर्पण

माँ कामाख्या के श्रीचरणों में
सादर, श्रद्धापूर्वक और कृतज्ञता-भाव से समर्पित।

उनकी कृपा के बिना न ज्ञान पूर्ण होता है,
न साधना स्थिर होती है,
न मन को दिशा मिलती है।

यह पुस्तक उन सभी जिज्ञासु पाठकों को भी समर्पित है
जो रत्नों को केवल आभूषण नहीं,
बल्कि जीवन, संतुलन, संकेत, परंपरा और आत्मबोध के रूप में
समझना चाहते हैं।

उन परिवारों को,
जिन्होंने पीढ़ियों तक विश्वास, अनुभव और भारतीय ज्ञान-परंपरा को
जीवित रखा।

और उन सभी साधकों को,
जो ग्रह, संख्या, वास्तु, ऊर्जा और जीवन के सूक्ष्म संबंधों को
सरल भाषा में समझना चाहते हैं।

स्नेहमय आभार

यह पुस्तक उन सभी साधकों, शिक्षकों और जिज्ञासुओं को समर्पित है जो मानते हैं कि रत्न केवल आभूषण नहीं, बल्कि जीवन की दिशा को समझने का एक माध्यम हैं।

यह ग्रंथ केवल लेखन का परिणाम नहीं, बल्कि एक सतत साधना की यात्रा है। रत्नों, ग्रहों, ऊर्जा और मनुष्य के अनुभव के उस संगम की खोज, जहाँ प्रकृति और चेतना एक सूक्ष्म संवाद में जुड़ते हैं।

हम उस परंपरा के प्रति गहरी कृतज्ञता व्यक्त करते हैं जिसने हमें रत्न, संख्या, दिशा और ऊर्जा के इस विज्ञान से जोड़ने की दृष्टि दी। इस परंपरा के सूत्रधार श्री नरेश सिंगल जी की शिक्षाएँ, उनका अनुभव और उनका यह दृष्टिकोण कि रत्न केवल चमक नहीं, बल्कि संकेत हैं, इस पुस्तक की आधारभूमि बने हैं।

हम अपने गुरुओं, मार्गदर्शकों और सलाहकारों के भी ऋणी हैं, जिनकी अंतर्दृष्टि, समीक्षाओं और आशीर्वाद ने इस पुस्तक को अधिक स्पष्ट, संतुलित और सार्थक बनाया। उनके मार्गदर्शन ने हर अध्याय में गहराई और दिशा जोड़ी।

Notion Press की पूरी टीम के प्रति भी हार्दिक आभार, जिन्होंने इस पुस्तक को उसके भाव, उद्देश्य और ऊर्जा के अनुरूप एक संतुलित और सुंदर रूप प्रदान करने में सहयोग दिया।

अंत में, हम उन सभी पाठकों का हृदय से धन्यवाद करते हैं जो रत्नों को केवल बाहरी चमक तक सीमित नहीं देखते, बल्कि उन्हें जीवन, मन, संतुलन और आत्मबोध की यात्रा के एक सूक्ष्म साथी के रूप में समझना चाहते हैं।

प्रस्तावना

"रत्न केवल चमक नहीं, चेतना का संकेत हैं।"

जब मनुष्य ने पहली बार प्रकृति की गहराइयों को समझने का प्रयास किया, तब उसे केवल पत्थर नहीं मिले, बल्कि संकेत मिले। ये संकेत कभी रंगों में प्रकट हुए, कभी प्रकाश में, और कभी उन रत्नों में जो धरती ने लाखों वर्षों में गढ़े।

रत्नों की दुनिया केवल सौंदर्य की दुनिया नहीं है। यह ऊर्जा, अनुभव, विश्वास और जीवन की दिशा से जुड़ी हुई एक सूक्ष्म यात्रा है। एक रत्न केवल धारण करने की वस्तु नहीं, बल्कि एक प्रतीक है। वह व्यक्ति के भीतर चल रही अवस्था, उसके निर्णयों और उसके जीवन की दिशा से संवाद करता है।

"रत्नमार्गदर्शिका" उसी संवाद को समझने का एक प्रयास है।

यह पुस्तक रत्नों को केवल ज्योतिषीय उपाय या आभूषण के रूप में नहीं देखती, बल्कि उन्हें एक व्यापक संदर्भ में समझने का निमंत्रण देती है। यहाँ रत्नों को ग्रहों से जोड़ा गया है, पर उतना ही मन, व्यवहार और जीवन की परिस्थितियों से भी जोड़ा गया है।

श्री नरेश सिंगल के तीन दशकों के अनुभव और अध्ययन ने यह स्पष्ट किया है कि रत्नों को समझना केवल उनके नाम या मूल्य को जान लेना नहीं है। प्रत्येक रत्न एक गुण, एक संकेत और एक विशेष ऊर्जा से जुड़ा होता है। सही समझ के साथ चुना गया रत्न जीवन में सहायक बन सकता है, और बिना समझ के लिया गया निर्णय भ्रम भी पैदा कर सकता है।

अधिवक्ता नंदिता सिंगल ने उसी परंपरा को आधुनिक दृष्टि और स्पष्ट भाषा में प्रस्तुत किया है। एक विधिक सोच की तार्किकता और एक साधक की संवेदनशीलता के साथ, उन्होंने इस विषय को इस प्रकार रखा है कि पाठक केवल जानकारी न ले, बल्कि समझ विकसित करे।

यह पुस्तक किसी चमत्कार का वादा नहीं करती। यह कोई त्वरित समाधान भी नहीं देती। बल्कि यह एक स्पष्ट बात कहती है कि रत्न जीवन के सहायक हो सकते हैं, पर जीवन का स्थान नहीं ले सकते।

इस ग्रंथ का उद्देश्य है

समझ देना

भ्रम हटाना

और पाठक को इस योग्य बनाना कि वह स्वयं निर्णय ले सके

अंततः, यह पुस्तक उन सभी के लिए है जो रत्नों को केवल धारण नहीं करना चाहते, बल्कि उन्हें समझना चाहते हैं।
जो उनकी चमक से आगे बढ़कर उनके अर्थ को जानना चाहते हैं।
और जो जीवन में दिशा खोजते समय बाहरी साधनों के साथ-साथ अपनी आंतरिक चेतना को भी महत्व देते हैं।

नरेश सिंगल – लेखक परिचय

"जब प्रकृति की गहराइयों में जन्मे रत्न और मनुष्य के भीतर चल रही ऊर्जा एक लय में संवाद करते हैं, वहीं से जीवन को नई दिशा मिलती है।"

– नरेश सिंगल

श्री नरेश सिंगल अंतरराष्ट्रीय स्तर पर प्रसिद्ध वास्तु, अंक तंत्र और ऊर्जा-विज्ञान के गहन अध्येता एवं सलाहकार हैं। तीन दशकों से अधिक समय से वे जीवन, स्थान, चेतना और ऊर्जा के सूक्ष्म संबंधों का अध्ययन और मार्गदर्शन करते आ रहे हैं।

उन्होंने वास्तु और संबंधित विषयों को केवल पारंपरिक कर्मकांड तक सीमित नहीं रखा, बल्कि उन्हें एक तार्किक, अनुभव-आधारित और ऊर्जा-केंद्रित प्रणाली के रूप में प्रस्तुत किया है। उनका कार्य इस बात पर केंद्रित रहा है कि मनुष्य, उसका परिवेश और उसकी आंतरिक स्थिति–तीनों के बीच संतुलन कैसे स्थापित किया जाए।

डिजिटल माध्यमों पर भी उनकी गहरी उपस्थिति रही है, जहाँ लाखों लोग उनके विचारों और मार्गदर्शन से जुड़ चुके हैं। उनके व्याख्यानों और वीडियो के माध्यम से उन्होंने जटिल विषयों को सरल भाषा में आम लोगों तक पहुँचाया है।

उनका दृष्टिकोण केवल वास्तु तक सीमित नहीं है। अंक तंत्र, ऊर्जा संरचना, मानसिक पैटर्न और जीवन-निर्णयों के बीच के संबंधों को उन्होंने एक समग्र दृष्टि से समझाया है। विशेष रूप से **Lo Shu Grid** को उन्होंने भारतीय संदर्भ में एक नए रूप में प्रस्तुत किया, जहाँ यह केवल

एक गणनात्मक प्रणाली नहीं, बल्कि व्यक्ति की मानसिक, भावनात्मक और ऊर्जात्मक संरचना को समझने का माध्यम बनता है।

रत्नों के विषय में उनका दृष्टिकोण विशेष रूप से संतुलित और गहन रहा है। उनके अनुसार रत्न केवल आभूषण नहीं, बल्कि प्रकृति की अत्यंत सूक्ष्म रचनाएँ हैं–जो मनुष्य के जीवन, ग्रहों के संकेतों और आंतरिक ऊर्जा के बीच एक सेतु का कार्य कर सकती हैं। वे इस बात पर जोर देते हैं कि रत्नों की वास्तविक शक्ति उनकी चमक में नहीं, बल्कि उनके सही चयन, समझ और धारण की परिपक्वता में निहित होती है।

उनकी शिक्षाएँ इस विचार पर आधारित हैं कि जब व्यक्ति अपने भीतर की ऊर्जा, अपने निर्णयों और अपने परिवेश को समझ लेता है, तब बाहरी साधन, चाहे वह दिशा हो, संख्या हो या रत्न, उसके जीवन में संतुलन स्थापित करने में सहायक बनते हैं।

उन्होंने सैकड़ों प्रोजेक्ट्स में मार्गदर्शन दिया है–घरों, व्यावसायिक स्थानों, संस्थानों और व्यक्तिगत जीवन-निर्णयों तक, जहाँ उनका उद्देश्य हमेशा एक ही रहा है: **स्पष्टता, संतुलन और सही दिशा।**

अधिवक्ता नंदिता सिंगल – लेखिका परिचय

अधिवक्ता नंदिता सिंगल भारतीय परंपरागत ज्ञान-प्रणालियों को आधुनिक जीवन की भाषा में सरल, व्यावहारिक और संतुलित रूप में प्रस्तुत करने के लिए जानी जाती हैं। विधि-चिंतन, अंक तंत्र, लोशु, वास्तु और रत्न-विज्ञान जैसे विषयों को उन्होंने केवल शास्त्रीय या रहस्यमय दृष्टि से नहीं, बल्कि दैनिक जीवन से जोड़कर समझाने की एक विशिष्ट शैली विकसित की है।

बचपन से ही अपने पिता, वास्तु नरेश, के सान्निध्य में उन्होंने इन विषयों को देखा, सीखा और अनुभव किया। यही पारिवारिक और बौद्धिक वातावरण उनके दृष्टिकोण की गहराई और व्यावहारिकता की नींव बना। उनके विचारों में परंपरा के प्रति सम्मान और आधुनिक समझ का संतुलित समावेश स्पष्ट दिखाई देता है।

वे पहले ही दो पुस्तकों का लेखन कर चुकी हैं। उनकी पहली पुस्तक **"#NoBreakVastu"** बिना तोड़-फोड़, सुधार-आधारित वास्तु की एक सरल और त्वरित मार्गदर्शिका है, जिसे पाठकों ने व्यापक रूप से सराहा। इसके बाद उनकी पुस्तक **"अंक तंत्र"** अत्यंत कम समय में लोकप्रिय हुई और मात्र ढाई महीनों के भीतर ही बेस्टसेलर बन गई, जिसकी 500 से अधिक प्रतियाँ बिक चुकी हैं।

रत्नों के प्रति उनकी विशेष रुचि रही है। कम उम्र से ही विभिन्न स्थानों और देशों की यात्राओं के दौरान उन्होंने विविध रत्नों, खनिजों, क्रिस्टल, क्लस्टर्स और प्राकृतिक संरचनाओं का गहन अध्ययन किया है। उनके अनुसार रत्नों की वास्तविक महत्ता केवल उनकी चमक में नहीं,

बल्कि उनके अर्थ, संकेत और मनुष्य के अनुभव से जुड़ी उनकी सूक्ष्म भूमिका में होती है।

उनका लेखन पाठक को भय या अंधविश्वास की ओर नहीं, बल्कि समझ, संतुलन और आत्मबोध की ओर ले जाने का प्रयास करता है।

भूमिका

रत्नों की दुनिया जितनी चमकदार दिखाई देती है, उतनी ही गहरी भी है। पहली नज़र में कोई भी व्यक्ति रत्न को केवल एक सुंदर पत्थर की तरह देख सकता है, लेकिन जैसे-जैसे विषय खुलता है, वैसे-वैसे यह स्पष्ट होने लगता है कि रत्न केवल सौंदर्य की वस्तु नहीं हैं। वे इतिहास से जुड़े हैं, संस्कृति से जुड़े हैं, लोकविश्वास से जुड़े हैं, ज्योतिष से जुड़े हैं, मनोविज्ञान से जुड़े हैं, और कई बार मनुष्य के भीतर चल रहे सूक्ष्म अनुभवों से भी जुड़े होते हैं। शायद इसी वजह से रत्नों का आकर्षण सदियों से बना हुआ है।

भारतीय परंपरा में रत्नों का महत्व विशेष रूप से स्वीकार किया गया है। नवरत्न की अवधारणा, ग्रहों से संबंधित रत्नों की मान्यता, मंदिरों, राजदरबारों और पारिवारिक धरोहरों में उनका उपयोग, तथा जीवन की विभिन्न अवस्थाओं में उनके प्रति आस्था—ये सब इस बात के संकेत हैं कि रत्नों को हमारे समाज ने केवल बाहरी चमक तक सीमित नहीं रखा। किसी ने उन्हें शुभता से जोड़ा, किसी ने आत्मबल से, किसी ने शांति से, किसी ने धन-समृद्धि से, किसी ने ग्रहों के प्रभाव से, और किसी ने जीवन की दिशा से।

फिर भी, यह भी उतना ही सच है कि रत्नों का विषय आज बहुत भ्रमों से घिर गया है। एक ओर बहुत लोग बिना समझे हर बात पर विश्वास कर लेते हैं। दूसरी ओर बहुत-से लोग बिना जाने उसे पूरी तरह अंधविश्वास मान लेते हैं। बाजार ने भी इस विषय को कठिन बना दिया है—कहीं नकली पत्थर असली बनाकर बेचे जाते हैं, कहीं डर दिखाकर महंगे रत्न थमाए जाते हैं, और कहीं हर समस्या का समाधान किसी

पत्थर में बताने की जल्दबाज़ी दिखाई देती है। ऐसे समय में एक संतुलित, सरल और विश्वसनीय पुस्तक की आवश्यकता स्वाभाविक है।

यह पुस्तक उसी आवश्यकता को ध्यान में रखकर तैयार की गई है। इसका उद्देश्य यह नहीं कि पाठक रत्नों को चमत्कार मानने लगे, और न ही यह कि वह उन्हें केवल फैशन की वस्तु समझे। इस पुस्तक का उद्देश्य है—समझ।रत्न क्या हैं।उनका भारतीय संदर्भ क्या है।उनकी परंपरागत और ज्योतिषीय भूमिका क्या मानी गई।उनका वैज्ञानिक पक्ष क्या है। कौन-सा रत्न किस भाव से जुड़ा है।उन्हें चुनने, धारण करने और समझने की सही विधि क्या है।और सबसे महत्त्वपूर्ण—रत्नों को सीमा, विवेक और परिपक्वता के साथ कैसे देखा जाए।

इस पुस्तक में हमने रत्नों की चर्चा केवल ग्रह-उपाय की भाषा में नहीं की, बल्कि उन्हें जीवन के बड़े संदर्भ में समझने की कोशिश की है। किसी रत्न का संबंध सिर्फ़ ग्रह से नहीं, कई बार मन के किसी गुण से भी होता है। जैसे मोती शांति का संकेत बन सकता है, पन्ना स्पष्टता का, माणिक्य आत्मबल का, पुखराज दिशा का, नीलम अनुशासन का। यही वजह है कि यह पुस्तक केवल ज्योतिषीय पाठकों के लिए नहीं, बल्कि उन सभी के लिए उपयोगी हो सकती है जो रत्नों को अधिक समझदारी से देखना चाहते हैं।

भाषा को जान-बूझकर सरल रखा गया है। क्योंकि हमारा विश्वास है कि गहरी बात कहने के लिए कठिन भाषा जरूरी नहीं। भारतीय ज्ञान-परंपरा की सबसे बड़ी ताकत यही रही है कि वह जीवन से जुड़ती है। यदि रत्नों की चर्चा सामान्य पाठक की समझ से बाहर चली जाए, तो उसका व्यावहारिक उपयोग ही कम हो जाता है। इसलिए इस पुस्तक में जहाँ शास्त्रीय भाव है, वहीं सहज व्याख्या भी है; जहाँ परंपरा है, वहीं व्यावहारिक सावधानी भी है; जहाँ विश्वास है, वहीं विवेक भी है।

इस पुस्तक को पढ़ते हुए पाठक यदि एक बात निरंतर ध्यान में रखे, तो उसे पूरा विषय अधिक स्पष्ट लगेगा—रत्न जीवन के सहायक हो सकते हैं, लेकिन जीवन के स्वामी नहीं। वे संकेत दे सकते हैं, सहारा बन सकते हैं, मनोबल बढ़ा सकते हैं, अर्थ दे सकते हैं; पर परिश्रम, निर्णय,

चरित्र, स्वास्थ्य और संवाद का स्थान नहीं ले सकते। जब यह बात समझ में आ जाती है, तभी रत्नों का सही स्थान समझ में आता है।

इस पुस्तक की शुरुआत माँ कामाख्या के स्मरण और कृपा के भाव के साथ की जा रही है, क्योंकि अंततः हर ज्ञान का अर्थ तभी है जब वह मनुष्य को अधिक सजग, अधिक संतुलित और अधिक सत्य के निकट ले जाए। यही भावना इस पुस्तक की मूल भूमि है।

अब आइए, रत्नों की इस रोचक, परंपरासंपन्न और जीवन-सापेक्ष यात्रा में प्रवेश करें।

अध्याय 1

रत्न शास्त्र का परिचय

रत्नों की दुनिया में प्रवेश करने से पहले एक बात समझ लेना ज़रूरी है—मनुष्य ने रत्नों को केवल उनकी चमक के कारण महत्व नहीं दिया। किसी पत्थर को जब सौंदर्य, दुर्लभता, विश्वास और अनुभव एक साथ घेर लेते हैं, तभी वह रत्न बनता है। यही कारण है कि रत्न शास्त्र केवल पत्थरों का परिचय नहीं, मनुष्य और उसकी आशाओं का भी परिचय है।

रत्न शास्त्र का नाम सुनते ही बहुत से लोगों के मन में एक साथ कई चित्र उभरते हैं। किसी को राजा-महाराजाओं के मुकुट याद आते हैं, किसी को मंदिरों की मूर्तियों पर जड़े रत्न, किसी को ज्योतिषी की दुकान, किसी को सोने की अंगूठी में जड़ा माणिक या नीलम, और किसी को परिवार के बुजुर्गों की वह सलाह कि "यह रत्न पहन लो, लाभ होगा।" इन सब छवियों में कुछ न कुछ सच्चाई है, लेकिन रत्न शास्त्र इन सबसे

कहीं अधिक व्यापक विषय है। यह केवल आभूषण का विषय नहीं, केवल ज्योतिष का विषय नहीं, केवल खनिज विज्ञान का विषय नहीं, बल्कि इन सबके बीच बने एक ऐसे सेतु का विषय है जहाँ प्रकृति, संस्कृति, विश्वास, अनुभव, मनोविज्ञान और जीवन-व्यवहार एक-दूसरे से मिलते हैं।

सरल शब्दों में समझें तो रत्न शास्त्र वह परंपरागत और व्यावहारिक ज्ञान है जिसमें रत्नों की प्रकृति, गुण, पहचान, उपयोग, प्रभाव, चयन, धारण-विधि और उनसे जुड़ी मान्यताओं का अध्ययन किया जाता है। यह अध्ययन केवल इस बात तक सीमित नहीं कि कौन-सा पत्थर कितना सुंदर है या कितना महंगा है। इसमें यह भी देखा जाता है कि कौन-सा रत्न किस ग्रह से जोड़ा जाता है, किस व्यक्ति को कौन-सा रत्न उपयुक्त माना जाता है, किस धातु में पहनना चाहिए, किस दिन धारण करना चाहिए, और किन परिस्थितियों में कौन-सा रत्न लाभकारी या अनुपयुक्त हो सकता है। यहीं से यह विषय आम जीवन से जुड़ जाता है।

भारत में रत्नों को लेकर लोगों की रुचि केवल जिज्ञासा के कारण नहीं रही, बल्कि जीवन की वास्तविक परेशानियों ने भी उन्हें इस दिशा में मोड़ा। कोई व्यक्ति काम में बार-बार बाधा आने पर रत्न की ओर जाता है, कोई मानसिक अशांति के कारण, कोई विवाह में देरी के कारण, कोई आर्थिक रुकावटों के कारण, कोई संतान-संबंधी चिंता के कारण, तो कोई केवल इस वजह से कि परिवार में लंबे समय से किसी विशेष रत्न को शुभ माना जाता रहा है। इससे समझ में आता है कि रत्न शास्त्र को समझने के लिए केवल पुस्तक का ज्ञान काफी नहीं, बल्कि मनुष्य की आशा, भय, इच्छा और भरोसे को भी समझना पड़ता है। जब कोई व्यक्ति रत्न धारण करता है, तो वह केवल एक पत्थर नहीं पहनता, बल्कि उसके साथ एक उम्मीद भी पहनता है।

यहाँ सबसे पहले एक मूल बात समझ लेना जरूरी है कि रत्न शास्त्र का अर्थ जादू नहीं है। कोई भी रत्न ऐसा नहीं कि उसे पहनते ही बिना कारण सब कुछ बदल जाए। जीवन कर्म, स्वभाव, अवसर, निर्णय, स्वास्थ्य, संबंध और समय के मेल से चलता है। रत्न इनमें से किसी एक पहलू को प्रभावित करें या न करें, यह अलग चर्चा है, पर यह मान लेना कि केवल एक अंगूठी पूरे जीवन को पलट देगी, उचित नहीं है। फिर भी यह भी सच है कि मनुष्य के जीवन में प्रतीकों की बहुत बड़ी

भूमिका होती है। हम शुभ दिन देखते हैं, खास रंग पसंद करते हैं, प्रेरक वस्तुएँ अपने पास रखते हैं, कुछ चीजों को भाग्यशाली मानते हैं, और कुछ वस्तुओं से मनोबल बढ़ता हुआ महसूस करते हैं। इसी तरह रत्न भी बहुत लोगों के लिए केवल पत्थर नहीं, बल्कि आत्मविश्वास, आशा और शुभता का प्रतीक बन जाते हैं।

रत्न शब्द अपने भीतर कई अर्थ समेटे हुए है। सामान्य भाषा में हम किसी भी कीमती और सुंदर पत्थर को रत्न कह देते हैं, लेकिन परंपरागत दृष्टि में रत्न वे विशेष प्राकृतिक पदार्थ हैं जिनमें दुर्लभता, चमक, रंग, आकर्षण और कुछ विशिष्ट गुण पाए जाते हैं। इनमें से कुछ धरती की गहराइयों में खनिज प्रक्रियाओं से बनते हैं, जैसे माणिक्य, पन्ना, नीलम, हीरा और पुखराज। कुछ समुद्र या जीवित स्रोतों से भी जुड़े होते हैं, जैसे मोती और मूंगा। इन सबका रंग, बनावट, चमक, कठोरता और प्रकृति अलग होती है। लेकिन रत्न शास्त्र की दृष्टि इन भौतिक गुणों के साथ-साथ इनके सूक्ष्म प्रभावों पर भी विचार करती है।

बहुत-से लोग पूछते हैं कि क्या रत्नों में सचमुच कोई शक्ति होती है। इस प्रश्न का उत्तर सीधा नहीं है, क्योंकि यह इस बात पर निर्भर करता है कि हम "शक्ति" शब्द को किस अर्थ में समझ रहे हैं। यदि कोई व्यक्ति यह पूछे कि क्या रत्न अपने आप चमत्कार कर देते हैं, तो इसका उत्तर सावधानी से ही दिया जाना चाहिए। लेकिन यदि प्रश्न यह हो कि क्या रंग, प्रकाश, मन, विश्वास और प्रतीक किसी व्यक्ति के अनुभव को प्रभावित कर सकते हैं, तो इसका उत्तर कहीं अधिक गहरा हो जाता है। एक शांत, सफेद, सौम्य मोती किसी भावुक और बेचैन मन वाले व्यक्ति को मानसिक सहारा जैसा क्यों लगता है? एक लाल माणिक किसी में तेज, आत्मविश्वास और दृढ़ता की भावना क्यों जगाता है? एक नीलम का नाम सुनते ही लोग सावधान क्यों हो जाते हैं? इन सबमें केवल परंपरा नहीं, मनुष्य के भीतर काम करने वाली प्रतीक-समझ भी शामिल होती है।

रत्न शास्त्र का जन्म किसी एक दिन नहीं हुआ। यह पीढ़ियों के अनुभव, लोकविश्वास, खनिज ज्ञान, व्यापार, राजपरंपरा और ज्योतिषीय विचारों के मेल से धीरे-धीरे विकसित हुआ। प्राचीन समाजों में जो वस्तु दुर्लभ होती थी, वह केवल मूल्यवान ही नहीं मानी जाती थी, बल्कि

सम्मान और रहस्य से भी जुड़ जाती थी। जब किसी राजा के मुकुट में माणिक जड़ा दिखता था, तो वह केवल सजावट नहीं होती थी; वह सत्ता, तेज, गरिमा और वैभव का प्रतीक भी होता था। जब मंदिरों में रत्न अर्पित किए जाते थे, तो वह केवल धन का प्रदर्शन नहीं, बल्कि सर्वोत्तम वस्तु को ईश्वर को समर्पित करने की भावना भी होती थी। जब कोई परिवार पीढ़ियों से किसी विशेष रत्न को धारण करता था, तो वह विश्वास की वंशानुगत परंपरा भी बन जाती थी। इस तरह रत्न शास्त्र केवल ग्रंथों में नहीं, जीवन में भी बनता गया।

भारतीय परंपरा में रत्नों को नवग्रहों से जोड़कर देखने की एक विशेष परंपरा है। यहीं से नवरत्न की प्रसिद्ध धारणा सामने आती है। सूर्य के लिए माणिक्य, चंद्रमा के लिए मोती, मंगल के लिए मूंगा, बुध के लिए पन्ना, बृहस्पति के लिए पुखराज, शुक्र के लिए हीरा, शनि के लिए नीलम, राहु के लिए गोमेद और केतु के लिए लहसुनिया को माना गया। यह संबंध इतना प्रसिद्ध हो गया कि बहुत से लोग रत्न शास्त्र का अर्थ ही ग्रहों के अनुसार रत्न पहनना समझने लगे। पर वास्तव में रत्न शास्त्र इससे अधिक विस्तृत है। इसमें रत्नों का सांस्कृतिक उपयोग, प्रतीकात्मक अर्थ, शारीरिक और मानसिक प्रभावों की लोकधारणाएँ, उपरत्नों की परंपरा, रत्नों की पहचान, असली-नकली का भेद, और आधुनिक समय की चुनौतियाँ भी शामिल हैं।

रत्नों के प्रति आकर्षण का एक बड़ा कारण उनकी सुंदरता है। यह सुंदरता केवल आँखों को नहीं लुभाती, बल्कि मन पर भी असर डालती है। किसी रत्न का रंग हमारे मन में एक विशेष भाव उत्पन्न करता है। गहरा लाल रंग तेज और जीवन-ऊर्जा का संकेत देता है। सफेद या दूधिया चमक शांति और कोमलता का भाव जगाती है। हरा रंग ताजगी, संतुलन और बुद्धि का बोध कराता है। पीला रंग आशा, ज्ञान और विस्तार का संकेत देता है। नीला रंग गहराई, गंभीरता और अनुशासन की ओर इशारा करता है। इसलिए रत्नों का प्रभाव केवल ज्योतिषीय मान्यता का विषय नहीं, रंगों और मन के संबंध का विषय भी है। मनुष्य सदियों से रंगों से प्रभावित होता आया है। घर की दीवारों से लेकर वस्त्रों तक, त्योहारों से लेकर धार्मिक चिह्नों तक, रंग हमारे अनुभव को बदलते हैं। ऐसे में रत्नों के रंगों का महत्व अपने आप समझ में आने लगता है।

रत्न शास्त्र का परिचय देते समय एक और महत्वपूर्ण बात सामने आती है, और वह है उपयुक्तता। हर रत्न हर व्यक्ति के लिए नहीं माना गया। परंपरा हमेशा यह कहती रही है कि रत्न का चुनाव सोच-समझकर होना चाहिए। केवल यह सुनकर कि अमुक व्यक्ति ने नीलम पहनकर तरक्की पा ली या किसी ने पुखराज पहनकर विवाह कर लिया, उसी रत्न को हर किसी के लिए उचित नहीं माना जा सकता। रत्न शास्त्र व्यक्ति की जन्मपत्री, ग्रह स्थिति, दशा, स्वभाव, जीवन की दिशा और उद्देश्य को ध्यान में रखने की बात करता है। कुछ लोग इसे बहुत गंभीरता से मानते हैं, कुछ इसे एक मार्गदर्शक संकेत की तरह लेते हैं, लेकिन लगभग सभी मानते हैं कि रत्नों का चयन बिना समझे नहीं होना चाहिए।

आम जीवन में यही जगह सबसे अधिक भ्रम पैदा करती है। लोग जल्दी समाधान चाहते हैं, और बाजार इस जल्दी का फायदा उठा लेता है। किसी को कहते सुन लिया कि यह रत्न बहुत शुभ है, किसी दुकानदार ने कह दिया कि इसे पहन लो, किसी ने सोशल मीडिया पर वीडियो देख लिया, और बिना परामर्श के अंगूठी बनवा ली। बाद में या तो लाभ नहीं मिलता, या मन में डर बैठ जाता है, या व्यक्ति हर छोटी-बड़ी घटना को रत्न से जोड़ने लगता है। इसलिए रत्न शास्त्र की पहली शिक्षा यही होनी चाहिए कि यह जल्दबाजी का विषय नहीं है। जिस तरह दवा डॉक्टर की सलाह के बिना नहीं लेनी चाहिए, उसी तरह रत्न भी सोच-विचार के बिना नहीं धारण करना चाहिए, विशेषकर वे रत्न जिन्हें परंपरा में तीव्र प्रभाव वाला कहा गया है, जैसे नीलम, गोमेद और लहसुनिया।

यहाँ एक छोटी-सी जीवन-स्थिति पर विचार करें। मान लीजिए किसी युवक का आत्मविश्वास बहुत गिरा हुआ है। उसे लगता है कि उसकी बात को लोग महत्व नहीं देते, काम में चमक नहीं है, और व्यक्तित्व दबा-दबा सा है। परिवार का कोई बुजुर्ग उसे माणिक पहनने की सलाह देता है, क्योंकि माणिक को सूर्य का रत्न मानकर तेज, मान-सम्मान और आत्मप्रकाश से जोड़ा जाता है। अब दो बातें हो सकती हैं। यदि वह युवक इसे केवल अंधविश्वास की तरह पहन ले और अपने व्यवहार में कुछ न बदले, तो शायद अधिक फर्क न पड़े। लेकिन यदि वह इसे आत्मबल के प्रतीक की तरह धारण करे, अपने बोलने के ढंग, दिनचर्या, अनुशासन और निर्णय क्षमता पर भी काम करे, तो संभव है कि धीरे-धीरे उसके भीतर परिवर्तन आए। अब इस परिवर्तन का कारण केवल रत्न है, यह

कहना जल्दबाजी होगी; लेकिन यह कहना भी गलत होगा कि प्रतीक, विश्वास और आत्म-सुझाव का कोई महत्व ही नहीं। रत्न शास्त्र इसी सूक्ष्म क्षेत्र में काम करता दिखाई देता है।

कई परिवारों में रत्नों का ज्ञान लिखित से अधिक मौखिक रूप में चला है। दादी कहती थीं कि चंद्रमा कमजोर हो तो मोती अच्छा होता है। कोई कहता था कि बच्चों को चाँदी और मोती से शांति मिलती है। किसी परिवार में विवाह से पहले पुखराज की बात होती थी। किसी व्यापारी घर में पन्ना बुद्धि और व्यापार से जोड़ा जाता था। किसी सैनिक स्वभाव वाले व्यक्ति को मूंगा सुझाया जाता था। ये सब बातें केवल पुस्तक-आधारित नहीं थीं; ये सामाजिक अनुभव और मान्यता से भी बनीं। हाँ, समय के साथ इनमें बहुत अतिशयोक्ति भी जुड़ गई, डर भी जुड़ गया, और व्यापार भी जुड़ गया। इसलिए आज आवश्यकता है कि हम इन बातों को न तो आँख बंद करके मानें, न ही पूरी तरह हँसी में उड़ा दें, बल्कि परखकर समझें।

रत्न शास्त्र की एक रोचक विशेषता यह है कि यह मनुष्य को प्रकृति से जोड़ता है। हम अक्सर धरती को केवल जमीन की तरह देखते हैं, लेकिन उसी धरती के भीतर लाखों वर्षों की प्रक्रियाओं से रत्न बनते हैं। किसी रत्न के बनने में ताप, दबाव, रासायनिक मिलन, समय और भूगर्भीय परिस्थितियों की बड़ी भूमिका होती है। इसका अर्थ यह हुआ कि जब कोई व्यक्ति रत्न धारण करता है, तो वह प्रकृति की एक बहुत पुरानी रचना को अपने शरीर के पास स्थान देता है। पारंपरिक दृष्टि में इसे महत्त्वपूर्ण माना गया। यह मान्यता रही कि प्रकृति की कुछ विशेष चीजों में विशिष्ट कंपन, गुण या ऊर्जा रहती है। आधुनिक भाषा में इसे हर कोई स्वीकार करे, यह जरूरी नहीं, लेकिन इतना अवश्य है कि रत्न पृथ्वी की अत्यंत विशिष्ट रचनाएँ हैं और इस दृष्टि से उनका सम्मान स्वाभाविक है।

रत्नों को केवल कीमती पत्थर समझ लेना भी अधूरा दृष्टिकोण है। वे भारतीय संस्कृति में प्रतीक भी हैं। माणिक्य अक्सर सूर्य, राजसत्ता, तेज और आत्मप्रकाश से जुड़ता है। मोती चंद्रमा, मातृत्व, शांति और भावनात्मक कोमलता का प्रतीक माना जाता है। पन्ना बुद्धि, वाणी, लेखन और व्यापार की याद दिलाता है। पुखराज को गुरु, ज्ञान, धर्म,

सलाह और विस्तार से जोड़ा जाता है। हीरा आकर्षण, विलास, सुंदरता और प्रेम का प्रतीक बनता है। नीलम कर्म, परीक्षा, न्याय और कठोर अनुशासन की याद दिलाता है। गोमेद और लहसुनिया जैसे रत्नों के साथ रहस्य, अदृश्य प्रभाव और मन की गहराइयों का भाव जुड़ता है। इस दृष्टि से देखें तो रत्न केवल वस्तु नहीं, अर्थ भी हैं। और मनुष्य का जीवन केवल वस्तुओं से नहीं, अर्थों से भी चलता है।

रत्न शास्त्र के साथ एक व्यावहारिक पक्ष भी जुड़ा है, जिसे अनदेखा नहीं किया जा सकता। आज के समय में बाजार में प्राकृतिक, सिंथेटिक, लैब-निर्मित, ट्रीटेड, रंगे हुए, ग्लास-फिल्ड और न जाने कितने प्रकार के पत्थर उपलब्ध हैं। आम खरीदार के लिए असली और नकली में अंतर करना आसान नहीं है। ऐसे में रत्नों का ज्ञान केवल धार्मिक या ज्योतिषीय नहीं, व्यावहारिक भी होना चाहिए। यदि कोई व्यक्ति केवल इस विश्वास से महंगा रत्न खरीद ले कि वह उसके जीवन को बदल देगा, और बाद में पता चले कि पत्थर नकली था या अनुचित था, तो उसका आर्थिक और मानसिक दोनों नुकसान हो सकता है। इसलिए रत्न शास्त्र का अध्ययन विवेक सिखाता है। यह बताता है कि आकर्षण के साथ सावधानी भी जरूरी है।

एक महत्वपूर्ण प्रश्न यह भी है कि क्या रत्न शास्त्र केवल आस्तिक लोगों के लिए है। इसका उत्तर भी सीधा नहीं है। कोई व्यक्ति ग्रहों में विश्वास रखता हो, वह रत्नों को ज्योतिषीय उपाय की तरह देखेगा। कोई व्यक्ति आध्यात्मिक तो हो पर कर्मकांड में कम विश्वास रखता हो, वह रत्नों को प्रकृति-आधारित प्रतीक की तरह देख सकता है। कोई पूरी तरह आधुनिक वैज्ञानिक सोच वाला व्यक्ति रत्न को केवल खनिज, रंग-चिकित्सा या मनोवैज्ञानिक सहारे की वस्तु की तरह देख सकता है। इन तीनों में दृष्टि अलग है, पर रत्न एक ही है। इसलिए रत्न शास्त्र की उपयोगिता इस बात में भी है कि यह अलग-अलग सोच वाले लोगों को एक साझा विषय पर विचार करने का अवसर देता है। कोई इसे श्रद्धा से पढ़े, कोई जिज्ञासा से, कोई आलोचनात्मक दृष्टि से; हर स्थिति में अध्ययन उपयोगी हो सकता है।

रत्न शास्त्र के परिचय में यह जानना भी आवश्यक है कि भारत में इसे केवल धनवानों की वस्तु नहीं माना गया। यह सही है कि उत्कृष्ट

गुणवत्ता वाले रत्न बहुत महंगे होते हैं और सदियों तक राजघरानों, धनी व्यापारियों और कुलीन परिवारों के पास ही अधिक दिखाई देते थे। लेकिन साथ ही यह परंपरा भी रही कि मुख्य रत्नों के स्थान पर उपरत्नों का उपयोग किया जाए। यदि किसी के पास शुद्ध और भारी वजन का पुखराज खरीदने की क्षमता नहीं है, तो कभी-कभी उसे उसका विकल्प सुझाया जाता है। इसी प्रकार बहुत-से लोग छोटे रत्न, कम वजन वाले रत्न, या चाँदी-पंचधातु में जड़े रत्न धारण करते रहे। इससे यह बात समझ आती है कि रत्न शास्त्र का केंद्र केवल मूल्य नहीं, प्रयोजन भी है।

फिर भी यह मान लेना गलत होगा कि रत्न शास्त्र में जो कुछ कहा गया है, वह सब प्रमाणित विज्ञान है। यह ईमानदारी से स्वीकार करना चाहिए कि इस क्षेत्र में विश्वास, अनुभव और परंपरा का हिस्सा बहुत बड़ा है। इसी कारण समझदार दृष्टि हमेशा संतुलन की सलाह देती है। न अंधविश्वास में बहना उचित है, न केवल उपहास करना। यदि किसी व्यक्ति को रत्न धारण करने से मनोबल मिलता है, मानसिक स्थिरता मिलती है, जीवन में अनुशासन आता है, और वह इसे संयमपूर्वक अपनाता है, तो यह उसके लिए उपयोगी हो सकता है। लेकिन यदि वही व्यक्ति रत्न को कर्म का विकल्प मान ले, हर समस्या का कारण ग्रहों को ठहराए, और विवेक छोड़ दे, तो यह हानिकारक भी हो सकता है। रत्न शास्त्र का सही परिचय इसी समझ में है।

इस विषय का एक मानवीय पक्ष भी है जिसे अक्सर नजरअंदाज कर दिया जाता है। कई लोगों के लिए रत्न किसी परामर्शदाता की बात से अधिक परिवार की स्मृति होते हैं। दादी की दी हुई मोती की अंगूठी, पिता का पहना हुआ माणिक, माँ का पन्ना जड़ा लॉकेट, विवाह में मिला हीरे का आभूषण, या किसी गुरु द्वारा दिया गया रत्न–इन सबमें भावनात्मक अर्थ जुड़ जाते हैं। ऐसी स्थिति में रत्न केवल ज्योतिषीय नहीं रहते, वे स्मृति, संबंध और श्रद्धा का हिस्सा बन जाते हैं। इसलिए रत्न शास्त्र को केवल लाभ-हानि की भाषा में नहीं समझा जा सकता। वह मनुष्य के भावनात्मक संसार से भी जुड़ा है।

बहुत से लोग यह भी पूछते हैं कि क्या रत्नों का प्रभाव तुरंत होता है। पारंपरिक उत्तर यह है कि हर रत्न का स्वभाव अलग माना गया है। कुछ रत्नों के बारे में कहा गया कि उनका प्रभाव शीघ्र महसूस हो सकता है, कुछ के बारे में कहा गया कि वे धीरे-धीरे असर दिखाते हैं। लेकिन व्यावहारिक रूप से देखें तो किसी भी परिवर्तन को समझने में समय, धैर्य और सजगता चाहिए। यदि कोई व्यक्ति आज रत्न पहनकर कल ही जीवन बदलने की उम्मीद करे, तो निराशा होना तय है। जीवन में वास्तविक परिवर्तन कई कारणों के संगठित प्रभाव से आते हैं। रत्न धारण करना, यदि कोई करे, तो उसे एक सहायक साधन की तरह देखना चाहिए, न कि अंतिम उपाय की तरह।

रत्न शास्त्र का परिचय अपूर्ण रहेगा यदि हम यह न कहें कि यह विषय जितना आकर्षक है, उतना ही जिम्मेदारी भी माँगता है। रत्नों को लेकर डर फैलाना गलत है, और झूठे चमत्कार बेचना भी गलत है। कुछ लोग हर छोटी परेशानी में ग्रह-दोष बता देते हैं और महंगे रत्न सुझाने लगते हैं। कुछ लोग यह कहकर लोगों का विश्वास तोड़ते हैं कि सब कुछ ढोंग है। दोनों अतियाँ हैं। सही रास्ता यह है कि रत्नों का अध्ययन समझ के साथ किया जाए। यदि कोई व्यक्ति रत्न धारण करना चाहता है तो पहले उसके बारे में जाने, उसके अर्थ समझे, विशेषज्ञ की राय ले, बाजार से सावधान रहे, और अपने जीवन को केवल एक पत्थर के भरोसे न छोड़े। यही परिपक्व दृष्टि है।

इस पुस्तक का उद्देश्य भी यही है कि पाठक को रत्नों की दुनिया से व्यवस्थित रूप से परिचित कराया जाए। आगे के अध्यायों में हम रत्नों का इतिहास, भारतीय परंपरा में उनका स्थान, वैज्ञानिक और ज्योतिषीय दृष्टियाँ, नवरत्न की अवधारणा, प्रत्येक मुख्य रत्न का अलग-अलग स्वरूप और उपयोग, उपरत्नों की उपयोगिता, सही रत्न चयन की विधि, धारण करने के नियम, असली और नकली की पहचान, संभावित दुष्प्रभाव, देखभाल और आधुनिक जीवन में इनकी भूमिका पर विस्तार से चर्चा करेंगे। इस प्रकार पाठक केवल नाम नहीं जानेगा, बल्कि समझ भी विकसित करेगा।

अंत में, रत्न शास्त्र का परिचय एक वाक्य में दिया जाए तो कहा जा सकता है कि यह मनुष्य और प्रकृति के बीच बने उस संबंध का अध्ययन है, जिसमें धरती की गहराई से निकली एक चमकदार वस्तु मनुष्य के जीवन में सौंदर्य, विश्वास, आशा, प्रतीक और अर्थ का स्थान पा लेती है। रत्नों की यही यात्रा उन्हें सामान्य पत्थरों से अलग बनाती है। वे हाथ में छोटे हो सकते हैं, पर उनके बारे में मनुष्य की कल्पना बहुत बड़ी रही है। किसी ने उन्हें ग्रहों का दूत माना, किसी ने राजसी गरिमा का चिह्न, किसी ने आध्यात्मिक सहारा, किसी ने प्रेम का उपहार, किसी ने आत्मबल का प्रतीक, और किसी ने केवल प्रकृति की अद्भुत कलाकारी। रत्न शास्त्र इन सब धारणाओं को एक साथ समझने का नाम है।

जब हम इस विषय में आगे बढ़ेंगे, तो पाएँगे कि रत्नों की दुनिया केवल चमकदार नहीं, बल्कि गहरी भी है। इस गहराई में इतिहास है, परंपरा है, व्यापार है, विश्वास है, भ्रम है, अनुभव है और सीख भी है। इसलिए इस यात्रा में सबसे अच्छा साथी होगा खुला मन और शांत बुद्धि। श्रद्धा हो तो भी समझ के साथ, और तर्क हो तो भी सम्मान के साथ। तभी रत्न शास्त्र हमें केवल अंगूठियों की दुनिया नहीं, बल्कि भारतीय जीवन-दृष्टि की एक महत्वपूर्ण परत भी दिखा सकेगा।

***

अध्याय 2

भारत में रत्नों का इतिहास और महत्व

भारत में रत्नों की कहानी केवल खदानों और बाज़ारों की कहानी नहीं है। यह राजदरबारों, मंदिरों, पारिवारिक धरोहरों, विवाह-संस्कारों और लोकविश्वासों से होकर गुजरती है। इसलिए भारतीय संदर्भ में रत्नों को समझना, एक तरह से भारतीय जीवन-दृष्टि की एक पुरानी परत को समझना भी है।

जब हम भारत में रत्नों के इतिहास की बात करते हैं, तो हमें केवल किसी एक कालखंड को नहीं देखना चाहिए। रत्नों का महत्व हजारों वर्षों में अलग-अलग रूपों में सामने आता है। कभी वे व्यापार का आधार बने, कभी धार्मिक अर्पण का, कभी राजकोष की संपत्ति का, कभी युद्ध और विजय के प्रतीक का, कभी विवाह और परिवार की परंपरा का, और कभी व्यक्तिगत उपायों का। भारतीय समाज में रत्नों का प्रवेश केवल अमीरों की दुनिया से नहीं हुआ, बल्कि वे धीरे-धीरे लोकविश्वास और घरेलू जीवन तक पहुँचे। तभी आज भी एक ओर किसी संग्रहालय में जड़ा हुआ प्राचीन रत्न हमें इतिहास की याद दिलाता है, और दूसरी ओर किसी छोटे कस्बे की दुकान पर मोती, मूंगा, पन्ना या नीलम बेचने वाला व्यापारी हमें उसी परंपरा की जीवित धारा का हिस्सा लगता है।

भारत की प्राचीन सभ्यता में रंगीन पत्थरों और दुर्लभ वस्तुओं के प्रति आकर्षण बहुत पुराना है। प्रारंभिक समाजों में मनुष्य उन वस्तुओं को विशेष महत्व देता था जो सामान्य न हों। जो वस्तु दुर्लभ हो, सुंदर हो, टिकाऊ हो और ध्यान खींचती हो, वह स्वाभाविक रूप से आदर का विषय बनती है। इसी वजह से रत्नों का महत्व केवल उनकी भौतिक कीमत से नहीं, बल्कि उनकी दुर्लभता और आकर्षण से भी बढ़ा। जिन पत्थरों में असाधारण चमक या रंग दिखाई देता था, उन्हें साधारण कंकड़ों से अलग माना जाता था। उनके प्रति कौतूहल, आश्चर्य और सम्मान का भाव पैदा होता था। धीरे-धीरे वे शरीर पर धारण किए जाने लगे, पूजास्थलों में अर्पित होने लगे, और सत्ता तथा वैभव के चिह्न बन गए।

भारतीय परंपरा की एक विशेषता यह रही कि यहाँ किसी वस्तु को केवल उपयोगिता से नहीं, अर्थ से भी देखा गया। एक दीपक केवल प्रकाश नहीं, मंगल का प्रतीक है। एक कलश केवल पात्र नहीं, पूर्णता और पवित्रता का प्रतीक है। उसी तरह रत्न केवल पत्थर नहीं रहे; वे ग्रहों, देवताओं, शक्तियों, रंगों, गुणों और जीवन की स्थितियों से जुड़ते गए। यह जुड़ाव अचानक नहीं हुआ। इसके पीछे लंबे समय का सांस्कृतिक अनुभव, धार्मिक प्रतीकवाद और मानवीय कल्पना काम कर रही थी। प्राचीन भारत में जब ज्योतिष, आयुर्वेद, वास्तु, मन्त्र, यज्ञ और प्रकृति-आधारित दृष्टियाँ विकसित हो रही थीं, तब रत्न भी एक ऐसे माध्यम के रूप में सामने आए जिन्हें शुभ-अशुभ, बल-क्षीणता, तेज-शांति और संतुलन से जोड़ा जा सकता था।

भारतीय उपमहाद्वीप भौगोलिक दृष्टि से भी रत्नों के लिए महत्वपूर्ण रहा है। यहाँ अनेक प्रकार की खनिज संपदाएँ रही हैं। कुछ क्षेत्रों में हीरों की खदानें प्रसिद्ध रहीं, कुछ जगह रंगीन पत्थरों का व्यापार होता रहा, और समुद्र से जुड़े क्षेत्रों में मोती और मूंगे की परंपरा भी बनी रही। भारत का प्राचीन व्यापार मार्ग केवल मसालों, वस्त्रों और धातुओं का मार्ग नहीं था; रत्न भी व्यापार की महत्वपूर्ण वस्तु थे। व्यापारी रत्नों को दूर-दूर तक ले जाते थे। विदेशी यात्री और व्यापारी भारत की धन-संपदा का वर्णन करते समय रत्नों का उल्लेख अवश्य करते थे। इससे यह स्पष्ट होता है कि भारत केवल रत्नों का उपभोक्ता नहीं, बल्कि उनके ज्ञान, व्यापार और प्रतिष्ठा का भी प्रमुख केंद्र रहा।

भारतीय राजदरबारों में रत्नों का स्थान अत्यंत ऊँचा था। राजा का मुकुट, राजदंड, तलवार की मूठ, सिंहासन, कंठहार, बाजूबंद, करधनी, पगड़ी का अलंकरण, यहाँ तक कि सिंहासनों और आसनों की सजावट तक में रत्नों का उपयोग होता था। यह उपयोग केवल आडंबर नहीं था। सत्ता स्वयं को दृश्य रूप में व्यक्त करना चाहती है, और रत्न उस दृश्य भाषा का हिस्सा बन जाते थे। लाल माणिक राजतेज का, हीरा वैभव का, पन्ना सूझबूझ का, नीलम गंभीरता का, और नवरत्न सामूहिक संतुलन का संकेत देने लगते थे। कई राजवंशों में यह माना जाता था कि राजा के शरीर पर धारण किए गए रत्न केवल शोभा नहीं बढ़ाते, बल्कि वे सुरक्षा, शुभता और राजलक्ष्मी को स्थिर रखते हैं। यही वजह है कि राजपरिवारों में रत्नों का चयन भी गंभीर विषय होता था।

नवरत्न की परंपरा भारतीय इतिहास में विशेष रूप से महत्वपूर्ण है। जब नौ ग्रहों से जुड़े नौ प्रमुख रत्नों को एक साथ धारण करने या राजमुकुटों में जड़ने की परंपरा सामने आती है, तो वह केवल अलंकरण नहीं रहती। यह एक प्रकार का ब्रह्मांडीय संतुलन अपने साथ रखने की कल्पना है। राजा यदि नवरत्न धारण करता है, तो उसका एक अर्थ यह भी माना जाता है कि वह समस्त दिशाओं, शक्तियों और ग्रहों के संतुलन का प्रतिनिधि है। इसी कारण नवरत्न केवल व्यक्तिगत आभूषण का विषय नहीं रहे; वे शासन, प्रतिष्ठा और समृद्धि के सामूहिक प्रतीक भी बने। बाद के समय में नवरत्न हार, अंगूठियाँ और पेंडेंट आम समाज में भी लोकप्रिय हुए, लेकिन उनका मूल अर्थ राजसी और ज्योतिषीय दोनों रहा।

भारत में मंदिरों और देवमूर्तियों के साथ रत्नों का संबंध भी अत्यंत पुराना और गहरा है। किसी देवता को जो सबसे श्रेष्ठ वस्तु अर्पित की जा सकती थी, उसमें रत्न भी शामिल थे। स्वर्ण, रजत, रेशम, चंदन, पुष्प और रत्न–ये सब मिलकर भक्ति की समृद्ध भाषा बनाते थे। कई मंदिरों में मुकुट, कंठहार, नेत्र, किरीट, आभूषण और विशेष पर्वों के श्रृंगार में रत्नों का उपयोग होता रहा। यहाँ रत्न का अर्थ धन-प्रदर्शन नहीं था; वह श्रद्धा का दृश्य रूप था। भक्त मानता था कि जो सर्वोत्तम है, वह ईश्वर को समर्पित होना चाहिए। इससे समझ में आता है कि अनेक ऐतिहासिक मंदिरों के खजानों में रत्नों से जड़े आभूषण और अलंकरण मिलते हैं। रत्न यहाँ धर्म, सौंदर्य और समर्पण के संगम पर खड़े दिखाई देते हैं।

भारतीय समाज में रत्नों का महत्व केवल राजाओं और मंदिरों तक सीमित नहीं था। विवाह-संस्कारों, पारिवारिक धरोहरों और स्त्री-आभूषणों में भी रत्नों की महत्ता रही। परिवारों में अक्सर कुछ आभूषण केवल धन के रूप में नहीं, बल्कि वंश की स्मृति के रूप में सुरक्षित रखे जाते थे। एक पीढ़ी से दूसरी पीढ़ी को मिला हुआ माणिक, मोती, पन्ना या हीरा केवल मूल्यवान वस्तु नहीं होता था; वह परिवार की कथा, परंपरा और भावनात्मक धरोहर होता था। भारतीय स्त्रियों के श्रृंगार में रत्नों का महत्व केवल सौंदर्य-वृद्धि के लिए नहीं, बल्कि शुभता, सम्मान और पारिवारिक प्रतिष्ठा से भी जुड़ा रहा। ऐसे में विवाह में दिए जाने वाले आभूषणों में कई बार विशेष रत्नों की उपस्थिति को मंगलकारी माना जाता था।

ज्योतिष के साथ रत्नों का संबंध भारतीय इतिहास में एक महत्वपूर्ण मोड़ है। जैसे-जैसे ग्रहों, नक्षत्रों और मानव जीवन के बीच संबंधों की परंपरागत व्याख्याएँ विकसित हुईं, रत्नों को भी एक उपाय के रूप में देखा जाने लगा। यह विचार आगे बढ़ा कि जैसे ग्रहों की प्रकृति अलग है, वैसे ही उनसे जुड़े रत्न भी अलग प्रभाव वाले हो सकते हैं। सूर्य के लिए माणिक्य, चंद्रमा के लिए मोती, मंगल के लिए मूंगा, बुध के लिए पन्ना, बृहस्पति के लिए पुखराज, शुक्र के लिए हीरा, शनि के लिए नीलम, राहु के लिए गोमेद और केतु के लिए लहसुनिया की परंपरा धीरे-धीरे लोकप्रिय होती गई। इसका प्रभाव यह हुआ कि रत्न केवल राजसी विलास की वस्तु न रहकर जनजीवन के उपायों का भी हिस्सा बनने लगे। अब कोई व्यक्ति केवल शोभा के लिए नहीं, बल्कि ग्रहशांति, मानसिक संतुलन,

स्वास्थ्य, विवाह, संतान, व्यापार या आत्मबल के उद्देश्य से भी रत्न धारण करने लगा।

इस प्रक्रिया में भारत की लोकपरंपराओं ने भी बड़ी भूमिका निभाई। बड़े ग्रंथों की विद्वत् परंपरा एक ओर थी, और घर-परिवारों की मौखिक परंपरा दूसरी ओर। गाँव-कस्बों में लोग अपने अनुभव, सुनी-सुनाई बातों और स्थानीय विश्वासों के आधार पर रत्नों के बारे में राय बनाते रहे। किसी को कहा गया कि बच्चे को मोती पहनाओ, मन शांत रहेगा। किसी को बताया गया कि व्यापार में पन्ना शुभ है। किसी को कहा गया कि गुरु की कृपा के लिए पुखराज अच्छा है। किसी को नीलम से सावधान किया गया। यह सब केवल पुस्तकीय ज्ञान नहीं था; यह सामाजिक प्रसार का हिस्सा था। इस तरह रत्नों का इतिहास केवल राजदरबारों में नहीं, चौपालों, घरों, स्त्रियों के जेवर-डिब्बों, पुरोहितों की सलाह और व्यापारियों की दुकानों में भी लिखा गया।

भारत के मध्यकालीन इतिहास में रत्नों का महत्व और भी बढ़ा। इस दौर में दरबारों की विलासिता, राजप्रतिस्पर्धा, युद्ध की लूट, उपहार-प्रथा और अंतरराष्ट्रीय व्यापार ने रत्नों को अत्यंत ऊँचा स्थान दिया। बड़े-बड़े साम्राज्यों में कीमती रत्न राजकोष की शक्ति माने जाते थे। किसी विजयी शासक के पास जितने अधिक रत्न, उतना अधिक उसका वैभव और प्रभाव समझा जाता था। दुर्लभ रत्न केवल सजावट नहीं, राजनीतिक वस्तुएँ भी बन जाते थे। उनका उपयोग संधियों, उपहारों, विवाह-समझौतों और सत्ता-प्रदर्शन में भी होता था। इसीलिए कई ऐतिहासिक कथाओं में रत्नों का उल्लेख अत्यंत आदर और विस्मय के साथ मिलता है। किसी खास रत्न का नाम ही अपने आप में गौरव का कारण बन जाता था।

यहाँ एक रोचक बात यह भी है कि भारत में रत्नों के साथ कथा और किंवदंती भी चलती रही। किसी रत्न को देवताओं से जोड़ा गया, किसी को नागलोक की संपत्ति कहा गया, किसी को समुद्र-मंथन से संबंधित मान लिया गया, किसी को राजयोग देने वाला बताया गया, और किसी को अशुभ ग्रहों को संतुलित करने वाला। यद्यपि इन कथाओं को इतिहास के कठोर अर्थ में तथ्य नहीं कहा जा सकता, लेकिन वे इस बात का प्रमाण अवश्य हैं कि भारतीय मन ने रत्नों को केवल बाजार की वस्तु नहीं माना। उसने उन्हें कथाओं, मिथकों और प्रतीकों के संसार में

भी स्थान दिया। इसी कारण रत्नों के नाम लेते ही केवल पत्थर की छवि नहीं, बल्कि उसके साथ जुड़ी मान्यता भी सामने आती है।

भारतीय आयुर्वेद और पारंपरिक उपचार-विचार में भी रत्नों का कुछ स्थान रहा है। कुछ परंपराओं में रत्न-भस्म, रत्नजल या रत्न-स्पर्श के विचार मिलते हैं, हालांकि इनका प्रयोग सदैव अत्यंत सावधानी का विषय रहा है। यहाँ यह समझना आवश्यक है कि ऐसी परंपराएँ चिकित्सा के आधुनिक विज्ञान से भिन्न ढंग से विकसित हुईं। परंतु इससे इतना तो स्पष्ट होता है कि भारत में रत्नों को केवल आभूषण नहीं समझा गया। उन्हें शरीर, मन, ग्रह, ऊर्जा और वातावरण के बीच एक प्रकार की कड़ी के रूप में भी देखा गया। यही बहुआयामी दृष्टि भारतीय रत्न-परंपरा को विशिष्ट बनाती है।

रत्नों का महत्व भारतीय कला और साहित्य में भी दिखाई देता है। कवियों ने नेत्रों की तुलना नीलम से की, अधरों की आभा माणिक से, दाँतों की उज्ज्वलता मोती से, और वन की हरियाली को पन्ना जैसा कहा। इससे पता चलता है कि रत्न केवल बाजार की चीज नहीं थे; वे सौंदर्य की भाषा का हिस्सा भी थे। जब कवि किसी नायिका के हार में मोती का वर्णन करता है या किसी राजा की प्रभा को माणिक के तेज से जोड़ता है, तो वह यह भी दिखाता है कि समाज में रत्नों का सांस्कृतिक अर्थ कितना गहरा था। रत्नों की चमक केवल शरीर पर नहीं, भाषा पर भी पड़ी।

भारत में रत्नों का एक सामाजिक महत्व भी रहा है। वे संपन्नता का संकेत अवश्य थे, लेकिन उससे भी अधिक वे सामाजिक पहचान का हिस्सा बन जाते थे। किसी विशेष वर्ग, परिवार या प्रदेश के आभूषणों में प्रयुक्त रत्न उनके सांस्कृतिक स्वाद को व्यक्त करते थे। कहीं मोती प्रधान होते थे, कहीं पन्ना, कहीं माणिक्य, कहीं हीरे की चमक सामाजिक ऊँचाई का संकेत मानी जाती थी। पर इसके साथ ही यह भी सच है कि भारतीय समाज ने रत्नों को केवल ऊँचे वर्ग तक सीमित नहीं रखा। जैसे-जैसे व्यापार और कारीगरी बढ़ी, वैसे-वैसे आम लोगों के लिए भी उपरत्न, कम मूल्य के रंगीन पत्थर और धातु-आधारित विकल्प उपलब्ध होने लगे। इससे रत्न-संस्कृति का प्रसार व्यापक हुआ।

औपनिवेशिक काल में भारत की रत्न-संपदा ने विदेशी शक्तियों का भी ध्यान खींचा। भारत लंबे समय तक धन-संपन्न भूमि के रूप में देखा जाता रहा, और रत्न उसकी उस छवि का हिस्सा थे। अनेक प्रसिद्ध रत्नों की यात्राएँ, हाथ बदलना, उपनिवेशवाद, संग्रहालयों, राजकोषों और निजी संग्रहों तक पहुँचना—ये सब बाद के इतिहास का हिस्सा बने। इससे एक ओर भारत की रत्न-समृद्धि का विश्व में प्रचार हुआ, तो दूसरी ओर यह भी सामने आया कि रत्न केवल सौंदर्य की वस्तु नहीं, शक्ति और स्वामित्व की राजनीति का भी हिस्सा हो सकते हैं। जो वस्तु जितनी दुर्लभ और कीमती होती है, उसके आसपास इतिहास भी उतना ही जटिल बनता जाता है।

आधुनिक भारत में रत्नों का महत्व नए रूप में सामने आया है। अब वे केवल राजदरबारों, मंदिरों और कुलीन परिवारों की सीमा में नहीं हैं। आज रत्नों की दुकानें महानगरों से लेकर छोटे शहरों तक फैली हैं। ज्योतिषीय परामर्श, प्रमाणपत्र, प्रयोगशाला परीक्षण, ऑनलाइन बिक्री, डिजाइनर ज्वेलरी, निवेश, फैशन और वैकल्पिक उपचार—इन सबने रत्नों की दुनिया को और विस्तृत बना दिया है। एक व्यक्ति हीरा केवल विवाह-अंगूठी के रूप में खरीदता है, दूसरा पुखराज ज्योतिषीय सलाह पर, तीसरा पन्ना शौक से, और चौथा नवरत्न पेंडेंट सांस्कृतिक प्रतीक के रूप में। इसका अर्थ यह है कि रत्नों का महत्व समाप्त नहीं हुआ; उसने समय के साथ अपना रूप बदल लिया है।

फिर भी भारतीय मानसिकता में रत्नों का मूल महत्व आज भी कई स्तरों पर वही है—शुभता, सुरक्षा, प्रतिष्ठा, उपाय और अर्थ। बहुत-से लोग आज भी मानते हैं कि सही रत्न सही समय पर धारण किया जाए तो जीवन में सहारा मिल सकता है। कुछ लोग इसे आध्यात्मिक प्रतीक की तरह देखते हैं। कुछ इसे परिवार की परंपरा मानते हैं। कुछ फैशन के रूप में अपनाते हैं। और कुछ लोग इसे संदेह की दृष्टि से देखते हुए भी इसकी सांस्कृतिक उपस्थिति को स्वीकार करते हैं। यही बहुरूपी महत्व भारत में रत्नों को आज भी प्रासंगिक बनाता है।

भारत में रत्नों का इतिहास हमें एक और महत्वपूर्ण बात सिखाता है—मनुष्य केवल वस्तुओं का उपभोक्ता नहीं, अर्थों का निर्माता भी है। धरती से निकला एक पत्थर अपने आप में केवल पदार्थ है, पर जब समाज

उसे दुर्लभ कहता है, सुंदर कहता है, शुभ कहता है, देवता से जोड़ता है, राजा के मुकुट में जड़ता है, विवाह में भेंट करता है, संतुलन का प्रतीक मानता है, और पीढ़ी-दर-पीढ़ी उसे आदर देता है, तब वह रत्न बनता है। इस अर्थ में रत्न केवल प्रकृति की देन नहीं, संस्कृति की रचना भी हैं। भारत ने इस रचना को बहुत गहराई से निभाया है।

रत्नों का महत्व भारतीय जीवन-दृष्टि में इसलिए भी विशेष है क्योंकि यहाँ पदार्थ और चेतना के बीच पूर्ण विभाजन की भावना उतनी कठोर नहीं रही जितनी कुछ आधुनिक विचारधाराओं में दिखाई देती है। यहाँ जल, वृक्ष, पर्वत, धातु, अन्न, अग्नि, ध्वनि, रंग–सबको किसी-न-किसी प्रकार के गुण और प्रभाव से जोड़ा गया। रत्न इसी व्यापक दृष्टि का हिस्सा हैं। चाहे कोई व्यक्ति इस दृष्टि से पूर्ण सहमत हो या नहीं, पर यह समझना आवश्यक है कि भारतीय परंपरा ने रत्नों को हमेशा एक जीवंत अर्थ-क्षेत्र में रखा। वे निष्प्राण सजावट मात्र नहीं रहे; वे शुभता और संवेदना से जुड़े रहे।

इतिहास के लंबे प्रवाह में रत्नों ने भारत को कई रूपों में समृद्ध किया। उन्होंने व्यापार को बल दिया, शिल्पकला को निखारा, आभूषण-निर्माण को उन्नत किया, राजदरबारों को वैभव दिया, मंदिरों को श्रृंगार दिया, साहित्य को उपमा दी, लोकमानस को विश्वास दिया, और व्यक्तिगत जीवन को प्रतीक दिए। तभी भारत में रत्नों का इतिहास केवल पत्थरों का इतिहास नहीं, बल्कि कला, अर्थव्यवस्था, धर्म, राजनीति, लोकजीवन और कल्पना का भी इतिहास है।

आज जब कोई व्यक्ति अपनी उँगली में कोई रत्न पहनता है, तो वह अनजाने में ही इस लंबे इतिहास की एक कड़ी बन जाता है। उसकी अंगूठी में जड़ा छोटा-सा पत्थर केवल वर्तमान की वस्तु नहीं होता; उसके पीछे सदियों की संस्कृति, मान्यता और अनुभव खड़े होते हैं। शायद इसी वजह से रत्नों का आकर्षण इतना स्थायी है। वे पुराने भी लगते हैं और नए भी। वे परंपरा से जुड़े भी हैं और आधुनिक बाजार में सक्रिय भी। वे आस्था के विषय भी हैं और फैशन के भी। वे निजी भी हैं और ऐतिहासिक भी।

समग्र रूप से देखें तो भारत में रत्नों का महत्व केवल इस बात में नहीं है कि वे कितने महंगे हैं, बल्कि इस बात में है कि वे भारतीय जीवन के कितने विविध पक्षों में उपस्थित रहे हैं। वे शक्ति के प्रतीक बने, भक्ति के माध्यम बने, सौंदर्य के अलंकार बने, पारिवारिक धरोहर बने, ज्योतिषीय उपाय बने, और सांस्कृतिक स्मृति का हिस्सा बने। यही बहुआयामी उपस्थिति उन्हें विशेष बनाती है। यदि रत्न शास्त्र को समझना है, तो केवल पत्थरों की पहचान से काम नहीं चलेगा; उनके पीछे खड़े इतिहास, समाज और संस्कृति को भी समझना होगा। भारत में रत्नों का इतिहास हमें यही गहरी दृष्टि देता है।

अब जब हम आगे बढ़ेंगे, तो अगला महत्वपूर्ण प्रश्न यह होगा कि रत्नों को वैज्ञानिक दृष्टि से कैसे देखा जाए और ज्योतिषीय दृष्टि से कैसे। क्या दोनों में कोई मेल है, कहाँ अंतर है, और साधारण पाठक इन दोनों को संतुलित ढंग से कैसे समझे। यही हमें अगले अध्याय की ओर ले जाता है।

***

अध्याय 3

रत्नों का वैज्ञानिक और ज्योतिषीय पक्ष

जब हम रत्नों को देखते हैं तो एक साथ दो संसार सामने आते हैं। एक वह, जिसे विज्ञान चट्टानों, खनिजों, संरचना और प्रकाश के आधार पर समझता है; दूसरा वह, जिसे मनुष्य प्रतीक, ग्रह, अनुभव और अर्थ के आधार पर महसूस करता है। रत्नों की असली रोचकता शायद इसी दोहरी उपस्थिति में छिपी है।

सबसे पहले वैज्ञानिक पक्ष को बहुत सरल ढंग से समझते हैं। वैज्ञानिक दृष्टि में रत्न कोई रहस्यमय वस्तु नहीं, बल्कि प्राकृतिक पदार्थ हैं। ये मुख्यतः खनिज होते हैं, जो धरती के भीतर बहुत लंबे समय में विशेष परिस्थितियों में बनते हैं। कहीं बहुत अधिक ताप और दबाव होता है, कहीं रासायनिक तत्वों का विशिष्ट मेल होता है, कहीं जल, गैस, खनिज और चट्टानों की लंबी प्रक्रिया के बाद कोई विशेष क्रिस्टल बनता है। यही क्रिस्टल बाद में अपने रंग, पारदर्शिता, कठोरता और चमक के कारण रत्न कहलाते हैं। दूसरे शब्दों में कहें तो रत्न प्रकृति की बहुत धैर्यपूर्ण रचना हैं। वे रातों-रात नहीं बनते। उनमें समय की परतें जमा होती हैं।

उदाहरण के लिए हीरे को लें। वैज्ञानिक रूप से हीरा कार्बन का ही एक रूप है, लेकिन उसका ढाँचा ऐसा है कि वह असाधारण कठोरता प्राप्त कर लेता है। इसी वजह से हीरा बहुत मजबूत माना जाता है और उसकी चमक भी विशिष्ट होती है। इसी तरह माणिक्य और नीलम दोनों एक ही खनिज परिवार से जुड़े होते हैं, पर उनके रंग अलग होते हैं। पन्ना अपनी हरी आभा के कारण अलग पहचान रखता है। मोती खनिज नहीं, बल्कि

जैविक उत्पत्ति वाला रत्न माना जाता है, क्योंकि वह सीप के भीतर बनता है। मूंगा भी समुद्री जीवों से संबंधित है। इसका मतलब यह हुआ कि रत्नों की दुनिया एक जैसी नहीं है। हर रत्न की अपनी जन्मकथा है, अपनी रचना है, अपना स्वभाव है।

वैज्ञानिक दृष्टि में किसी रत्न का मूल्य और महत्व कुछ मुख्य बातों से तय होता है। जैसे उसका रंग कैसा है, वह कितना स्वच्छ है, उसमें दरारें या धब्बे कितने हैं, उसकी चमक कैसी है, उसका कट किस तरह किया गया है, उसका आकार कैसा है, और वह प्राकृतिक है या कृत्रिम। बाजार में किसी रत्न की कीमत केवल इस बात से तय नहीं होती कि वह किस ग्रह का माना जाता है। उसकी असली कीमत अक्सर उसकी गुणवत्ता, दुर्लभता और शुद्धता से तय होती है। यही वजह है कि एक ही नाम का रत्न अलग-अलग कीमतों में मिल सकता है। दो पुखराज देखने में एक जैसे लगें, पर उनकी पारदर्शिता, रंग की गहराई, प्राकृतिकता और कटिंग के कारण उनके मूल्य में बहुत अंतर हो सकता है।

अब एक साधारण सवाल आता है—रत्नों में रंग आता कहाँ से है? यह प्रश्न सुनने में छोटा है, पर बहुत रोचक है। किसी रत्न का रंग अक्सर उसमें उपस्थित सूक्ष्म तत्वों या उसकी आंतरिक संरचना की वजह से

बनता है। कहीं लौह तत्व की मात्रा रंग बदल देती है, कहीं क्रोमियम, कहीं टाइटेनियम, कहीं दूसरी खनिज अशुद्धियाँ उसका स्वरूप तय करती हैं। यानी विज्ञान यह कहता है कि रंग कोई रहस्य नहीं, बल्कि संरचना और तत्वों का परिणाम है। पर यहीं से एक दूसरी बात भी शुरू होती है, क्योंकि मनुष्य ने हमेशा रंगों को केवल रासायनिक नज़र से नहीं देखा। उसने उन्हें भावों, मनःस्थितियों, प्रतीकों और प्रभावों से भी जोड़ा। यही वह जगह है जहाँ से वैज्ञानिक और ज्योतिषीय दृष्टि धीरे-धीरे एक-दूसरे के पास आते भी हैं और अलग भी हो जाते हैं।

वैज्ञानिक पक्ष का एक और महत्वपूर्ण हिस्सा है कठोरता। हर रत्न की कठोरता अलग होती है। कुछ रत्न जल्दी घिस सकते हैं, कुछ अपेक्षाकृत मजबूत होते हैं, कुछ में दरार पड़ने की संभावना अधिक रहती है। उदाहरण के लिए हीरा बहुत कठोर माना जाता है, लेकिन इसका अर्थ यह नहीं कि वह हर प्रकार के आघात से पूरी तरह सुरक्षित है। किसी रत्न का कठोर होना और उसका टूट-फूट से बचा रहना दो अलग बातें हैं। कुछ रत्नों में प्राकृतिक रेखाएँ, अंदरूनी संरचनात्मक कमजोरी या परतें होती हैं, जिनके कारण वे एक दिशा से दबाव सह सकते हैं और दूसरी दिशा से टूट सकते हैं। इसलिए वैज्ञानिक समझ यह भी सिखाती है कि रत्न केवल शुभ-अशुभ का विषय नहीं, बल्कि देखभाल, उपयोग और संरक्षण का भी विषय हैं।

आज के समय में विज्ञान ने रत्नों की जांच के कई तरीके विकसित कर दिए हैं। प्रयोगशालाएँ यह बता सकती हैं कि रत्न प्राकृतिक है या सिंथेटिक, उसमें कोई उपचार किया गया है या नहीं, उसका रंग प्राकृतिक है या बढ़ाया गया है, उसमें फिलिंग की गई है या नहीं। कई बार बाजार में जो पत्थर आम आदमी को असली लगता है, प्रयोगशाला जाँच के बाद पता चलता है कि वह लैब-निर्मित है या ट्रीटेड है। इससे यह बात समझ में आती है कि रत्नों का वैज्ञानिक पक्ष केवल किताब की जानकारी नहीं, व्यावहारिक सुरक्षा भी देता है। जो व्यक्ति रत्न खरीद रहा है, उसके लिए यह जानना जरूरी है कि वह वास्तव में क्या खरीद रहा है।

अब ज्योतिषीय पक्ष की ओर आते हैं। यहीं से विषय अधिक जीवंत, अधिक लोकप्रिय और कुछ हद तक अधिक विवादास्पद भी हो जाता है। भारतीय ज्योतिष में यह मान्यता रही है कि ग्रहों का मनुष्य के जीवन,

स्वभाव, अवसरों और परिस्थितियों पर सूक्ष्म प्रभाव पड़ता है। यह प्रभाव सीधा दिखाई दे या न दे, पर परंपरा में इसे गंभीरता से लिया गया। इसी आधार पर यह विचार बना कि कुछ विशेष रत्न ग्रहों से जुड़े हैं और वे उस ग्रह की अनुकूलता को बढ़ाने, उसकी कमजोरी को संभालने या उसके शुभ प्रभाव को मजबूत करने में सहायक हो सकते हैं। यही वह सोच है जिसने रत्नों को साधारण आभूषण से अलग स्थान दिया।

ज्योतिषीय दृष्टि में रत्न किसी ग्रह की किरणों या ऊर्जा को आकर्षित करने वाला माध्यम माने जाते हैं। सरल भाषा में लोग कहते हैं कि रत्न ग्रह की शक्ति को शरीर तक पहुँचाता है। यह भाषा वैज्ञानिक प्रयोगशाला की भाषा नहीं है, बल्कि परंपरागत व्याख्या की भाषा है। यहाँ यह नहीं कहा जाता कि रत्न बिजली की तार की तरह ग्रह से शक्ति खींच लाता है। बल्कि यह माना जाता है कि ब्रह्मांड, रंग, प्रकाश और व्यक्ति की ऊर्जा के बीच एक सूक्ष्म संबंध है, और रत्न उस संबंध को संतुलित करने में भूमिका निभा सकता है। यह बात विश्वास पर आधारित है, अनुभवों से मजबूत हुई है, और ज्योतिषीय परंपरा में बहुत गहराई से बैठी हुई है।

यही वजह है कि हर प्रमुख ग्रह के साथ एक रत्न जोड़ा गया। सूर्य के लिए माणिक्य, चंद्रमा के लिए मोती, मंगल के लिए मूंगा, बुध के लिए पन्ना, बृहस्पति के लिए पुखराज, शुक्र के लिए हीरा, शनि के लिए नीलम, राहु के लिए गोमेद और केतु के लिए लहसुनिया। यह संबंध केवल नाम भर का नहीं है। हर ग्रह के साथ कुछ गुण जोड़े गए, और वही गुण उसके रत्न में भी देखे गए। जैसे सूर्य को तेज, आत्मबल, मान-सम्मान, नेतृत्व और जीवनी-शक्ति से जोड़ा गया, इसलिए माणिक्य को भी तेज और आत्मविश्वास का रत्न कहा गया। चंद्रमा को मन, भावनाएँ, शांति, मातृत्व और संवेदनशीलता से जोड़ा गया, इसलिए मोती को मानसिक शांति और भावनात्मक संतुलन का रत्न माना गया।

यहाँ एक बात समझने लायक है। ज्योतिषीय सोच में रत्न को इसलिए नहीं पहना जाता कि वह सुंदर लगता है, बल्कि इसलिए पहना जाता है कि वह किसी विशेष ग्रह की सहायता करे। यहीं से चयन का प्रश्न आता है। किसी की कुंडली में यदि कोई ग्रह शुभ होकर भी कमजोर स्थिति में हो, तो उसका रत्न सुझाया जा सकता है। लेकिन यदि कोई ग्रह अशुभ फल दे रहा हो, तो हर परंपरा उसे मजबूत करने की सलाह

नहीं देती। इससे समझ में आता है कि गंभीर ज्योतिषी बिना समझे हर किसी को कोई भी रत्न नहीं पहनाते। वे देखते हैं कि ग्रह कार्यकारी रूप से कैसा है, किस भाव का स्वामी है, दशा क्या चल रही है, व्यक्ति की जीवन-स्थिति क्या है, और क्या सचमुच रत्न की जरूरत है। इसीलिए कहा जाता है कि रत्न धारण करना फैशन की तरह नहीं, समझ के साथ होना चाहिए।

अब एक स्वाभाविक प्रश्न उठता है–यदि विज्ञान रत्नों को खनिज मानता है और ज्योतिष उन्हें ग्रहों से जोड़ता है, तो क्या दोनों में टकराव है? कई लोगों को ऐसा लगता है कि दोनों बिल्कुल अलग-अलग बातें कर रहे हैं। कुछ हद तक यह सही भी है। विज्ञान वहाँ तक बात करता है जहाँ तक परीक्षण, माप, निरीक्षण और प्रमाण की पहुँच है। वह बताएगा कि रत्न की संरचना क्या है, उसका अपवर्तनांक क्या है, उसकी कठोरता कितनी है, उसका रंग कैसे बना, और वह असली है या नहीं। लेकिन ज्योतिष उस क्षेत्र में प्रवेश करता है जहाँ मनुष्य अपने जीवन के अदृश्य अनुभवों, भाग्य, समय, ऊर्जा और अर्थ की बात करता है। विज्ञान कहेगा–"मुझे मापने योग्य प्रमाण दो।" ज्योतिष कहेगा–"सदियों के अनुभव, परंपरा और सूक्ष्म प्रभावों की उपेक्षा मत करो।" दोनों की भाषा अलग है।

लेकिन दिलचस्प बात यह है कि ये दोनों हमेशा पूरी तरह शत्रु भी नहीं हैं। उदाहरण के लिए रंगों का प्रभाव लें। विज्ञान यह मानता है कि रंग मनोविज्ञान पर असर डाल सकते हैं। सफेद रंग शांति का भाव दे सकता है, लाल रंग सक्रियता और ऊर्जा का, हरा रंग ताजगी और संतुलन का, नीला रंग गंभीरता और गहराई का अनुभव करा सकता है। अब ज्योतिषीय दृष्टि यदि कहती है कि मोती मन को शांत करता है, माणिक तेज देता है, पन्ना बुद्धि और संतुलन से जुड़ा है, तो कम-से-कम प्रतीक और अनुभव के स्तर पर कुछ समानता दिखाई देती है। इसका अर्थ यह नहीं कि विज्ञान ज्योतिष को प्रमाणित कर देता है, बल्कि इतना भर कि मनुष्य के अनुभव में दोनों कभी-कभी एक ही दिशा की ओर संकेत करते दिखते हैं।

इसी तरह मनोविज्ञान का पक्ष भी महत्वपूर्ण है। मान लीजिए किसी व्यक्ति को विश्वास है कि वह जो रत्न पहन रहा है, वह उसके आत्मबल

को बढ़ाएगा। वह उसे विधिपूर्वक पहनता है, उसके साथ अपने मन में एक सकारात्मक संकल्प जोड़ता है, और फिर अपने व्यवहार में भी सुधार करता है। ऐसी स्थिति में रत्न उसके लिए एक मनोवैज्ञानिक सहारे की तरह काम कर सकता है। यह सहारा छोटा नहीं होता। मनुष्य कई बार किसी बाहरी प्रतीक के सहारे भीतर की शक्ति जगाता है। कोई रुद्राक्ष धारण करता है, कोई माला, कोई ताबीज, कोई गुरु-प्रदत्त वस्तु, और कोई रत्न। वैज्ञानिक व्यक्ति इसे प्लेसीबो या मानसिक प्रभाव कह सकता है, जबकि पारंपरिक व्यक्ति इसे रत्न का सूक्ष्म असर कहेगा। नाम अलग हो सकते हैं, लेकिन अनुभव व्यक्ति के लिए वास्तविक हो सकता है।

फिर भी यहाँ सावधानी बहुत जरूरी है। हर अनुभव को चमत्कार मान लेना गलत है। अगर किसी ने पुखराज पहन लिया और कुछ महीनों बाद उसकी नौकरी लग गई, तो यह तुरंत निष्कर्ष निकाल लेना कि नौकरी केवल पुखराज से लगी, उचित नहीं होगा। हो सकता है उसी समय उसने मेहनत भी बढ़ाई हो, अवसर भी सही मिला हो, दशा भी अनुकूल हो, या उसका आत्मविश्वास भी बढ़ा हो। दूसरी ओर यदि किसी ने नीलम पहना और अगले हफ्ते कोई दिक्कत आ गई, तो यह कहना भी जल्दबाजी होगी कि सारी परेशानी नीलम ने दी। मनुष्य का मन घटनाओं को जोड़ने में बहुत तेज है। वह कारण जल्दी खोज लेता है, चाहे कारण पूरा हो या अधूरा। इसलिए रत्नों के मामले में संतुलित दिमाग बहुत जरूरी है।

ज्योतिषीय पक्ष में एक और रोचक बात है–रत्नों का केवल भौतिक सौंदर्य नहीं, उनका “स्वभाव” भी माना जाता है। जैसे कुछ रत्नों को सौम्य कहा गया, कुछ को तीव्र। मोती को सामान्यतः शांत प्रकृति का माना गया, जबकि नीलम के बारे में कहा गया कि वह बहुत जल्दी अपना असर दिखा सकता है, अच्छा भी और चुनौतीपूर्ण भी। गोमेद और लहसुनिया के बारे में भी इसी तरह की सावधानी कही गई। अब यह भाषा विज्ञान की नहीं, परंपरागत अनुभव की भाषा है। पर जो बात ध्यान देने वाली है, वह यह कि भारतीय परंपरा ने खुद भी हर रत्न को समान नहीं माना। उसने उनके बीच अंतर किया, सावधानी रखी और परीक्षण की सलाह दी। इससे कम-से-कम इतना तो स्पष्ट होता है कि रत्न धारण की परंपरा भी अपने भीतर एक अनुशासन चाहती थी।

बहुत-से लोग पूछते हैं कि क्या बिना विश्वास के रत्न काम करते हैं। इस पर अलग-अलग मत मिलते हैं। कुछ कहते हैं कि रत्न की प्रकृति तो अपनी जगह है, वह विश्वास हो या न हो, असर करेगा। कुछ मानते हैं कि विश्वास, श्रद्धा और मानसिक स्वीकृति बहुत जरूरी है। व्यावहारिक दृष्टि से देखें तो यह कहना अधिक सही लगता है कि यदि कोई व्यक्ति भीतर से पूरी तरह विरोध में हो, उपहास भाव से पहने, या हर पल डरता रहे, तो वह लाभ कैसे अनुभव करेगा। दूसरी ओर यदि वह स्थिर मन से, समझ के साथ और संतुलित अपेक्षा के साथ धारण करे, तो उसके अनुभव अधिक सकारात्मक हो सकते हैं। इसलिए विश्वास और विवेक दोनों की भूमिका लगती है।

यहाँ यह भी समझना चाहिए कि वैज्ञानिक पक्ष और ज्योतिषीय पक्ष हमेशा एक-दूसरे को पूरा नहीं करते। विज्ञान अब तक रत्नों के ग्रह-संबंधी प्रभावों को वैसे प्रमाणित नहीं कर पाया जैसा कठोर वैज्ञानिक समुदाय चाहता है। इसलिए जो लोग पूरी तरह वैज्ञानिक प्रमाण की कसौटी पर ही हर बात को परखते हैं, वे ज्योतिषीय दावों को स्वीकार नहीं करेंगे। दूसरी ओर जो लोग परंपरा, अनुभव और सूक्ष्म ऊर्जा की बातों को महत्व देते हैं, वे कहेंगे कि विज्ञान की अपनी सीमाएँ हैं, वह सब कुछ नहीं माप सकता। साधारण पाठक के लिए यहाँ सबसे अच्छी स्थिति यह है कि वह दोनों को उनकी जगह पर समझे। विज्ञान से रत्न की असलियत, गुणवत्ता और संरचना जाने। ज्योतिष से उसकी पारंपरिक उपयुक्तता, ग्रह-संबंध और मान्य उपयोग की जानकारी ले। लेकिन निर्णय हमेशा समझदारी से करे।

एक और महत्वपूर्ण बात यह है कि रत्न का वैज्ञानिक रूप से असली होना और ज्योतिषीय रूप से उपयुक्त होना, दोनों अलग बातें हैं। मान लीजिए कोई रत्न पूरी तरह प्राकृतिक है, प्रमाणपत्र वाला है, सुंदर है, महंगा है–फिर भी वह हर व्यक्ति के लिए ज्योतिषीय रूप से उपयुक्त हो, यह जरूरी नहीं। उसी तरह कोई ज्योतिषी भले उसे शुभ बताए, लेकिन यदि वह पत्थर नकली है, अत्यधिक ट्रीटेड है, या गलत गुणवत्ता का है, तो खरीददार के लिए धोखा है। इसलिए सही समझ यही है कि रत्न के मामले में विज्ञान और परंपरा दोनों का संतुलन रखा जाए। केवल एक पर टिक जाना कई बार अधूरा पड़ जाता है।

हमारे समय की एक बड़ी समस्या यह भी है कि रत्नों के नाम पर बाजार ने बहुत शोर पैदा कर दिया है। "यह पहनते ही भाग्य बदल जाएगा", "यह रत्न सब संकट दूर कर देगा", "यह सौ प्रतिशत गारंटी वाला उपाय है"–ऐसी बातें सुनने में तो आकर्षक लगती हैं, लेकिन यही वह जगह है जहाँ से भ्रम शुरू होता है। न विज्ञान ऐसी गारंटी देता है, न गंभीर ज्योतिष। जो व्यक्ति सच्चे अर्थ में रत्न शास्त्र जानता है, वह कभी भी इसे जादू की छड़ी बनाकर पेश नहीं करेगा। वह कहेगा कि रत्न एक सहायक साधन हो सकता है, एक प्रतीक हो सकता है, एक उपाय हो सकता है, लेकिन वह कर्म, समझ, स्वास्थ्य, रिश्तों और जीवन-प्रबंधन का विकल्प नहीं है।

तो फिर एक सामान्य पाठक क्या करे? सबसे पहली बात, रत्नों को लेकर अति-उत्साह या अति-भय दोनों से बचे। दूसरी बात, यह समझे कि रत्नों का वैज्ञानिक पक्ष उसे ठगी से बचाएगा और ज्योतिषीय पक्ष उसे परंपरागत संदर्भ देगा। तीसरी बात, किसी भी रत्न को केवल सुन-सुनकर न पहने। चौथी बात, यह याद रखे कि हर प्रभाव तुरंत नहीं समझ आता और हर घटना को रत्न से जोड़ना भी सही नहीं। पाँचवीं बात, रत्न धारण हो तो उसे संयम, श्रद्धा और विवेक के साथ किया जाए। यही सबसे स्वस्थ रास्ता है।

सच कहें तो रत्नों का वैज्ञानिक और ज्योतिषीय पक्ष दो अलग दुनिया नहीं, बल्कि दो अलग चश्मे हैं। एक चश्मा हमें बताता है कि रत्न धरती की अद्भुत भौतिक रचना हैं–दुर्लभ, सुंदर, संरचनात्मक रूप से विशिष्ट। दूसरा चश्मा हमें बताता है कि मनुष्य ने उन्हें अर्थ, प्रभाव, विश्वास और जीवन-संबंधी आशाओं से भी जोड़ दिया है। यदि हम केवल पहला चश्मा पहनेंगे, तो रत्न सुंदर खनिज बनकर रह जाएँगे। यदि केवल दूसरा पहनेंगे, तो कई बार हम ठोस वास्तविकताओं को नजरअंदाज कर देंगे। पर यदि दोनों को साथ लेकर चलेंगे, तो समझ कहीं अधिक परिपक्व बनेगी।

सार यही निकलता है कि रत्नों का वैज्ञानिक पक्ष हमें जमीन से जोड़े रखता है, और ज्योतिषीय पक्ष हमें परंपरा और मानव-अनुभव से। एक हमें बताता है कि रत्न कैसे बने, दूसरे से पता चलता है कि मनुष्य ने उन्हें अपने जीवन में क्यों अपनाया। एक उनकी बनावट समझाता है,

दूसरा उनका सांस्कृतिक और आध्यात्मिक अर्थ। दोनों को साथ समझने से रत्न शास्त्र का विषय अधिक साफ, अधिक संतुलित और अधिक उपयोगी बन जाता है। आगे जब हम नवरत्न और फिर हर रत्न पर अलग-अलग चर्चा करेंगे, तब यह पृष्ठभूमि बहुत काम आएगी, क्योंकि हम हर रत्न को केवल विश्वास से नहीं, बल्कि समझ से भी देख पाएँगे।

अब आगे बढ़ते हुए अगला स्वाभाविक कदम है—नवरत्न की अवधारणा को समझना। आखिर ये नौ रत्न एक साथ इतने महत्वपूर्ण क्यों माने गए, उनका सामूहिक अर्थ क्या है, और भारतीय परंपरा में नवरत्न का स्थान इतना विशेष क्यों बना। यही हम अगले अध्याय में विस्तार से समझेंगे।

***

अध्याय 4

नवरत्न की परंपरा और उनका सामूहिक महत्व

नवरत्न का नाम सुनते ही भारतीय मन में एक साथ राजसी आभा, धार्मिक प्रतीक और ज्योतिषीय संतुलन का भाव उठता है। यह केवल नौ पत्थरों का समूह नहीं, बल्कि उस सोच का रूप है जिसमें जीवन को एक साथ कई शक्तियों के संतुलन से देखा गया।

सरल भाषा में कहें तो नवरत्न उन नौ प्रमुख रत्नों का समूह है जिन्हें भारतीय ज्योतिष में नवग्रहों से जोड़ा गया है। सूर्य के लिए माणिक्य, चंद्रमा के लिए मोती, मंगल के लिए मूंगा, बुध के लिए पन्ना, बृहस्पति के लिए पुखराज, शुक्र के लिए हीरा, शनि के लिए नीलम, राहु के लिए गोमेद और केतु के लिए लहसुनिया। यह सूची आज इतनी प्रसिद्ध है कि बहुत से लोग रत्न शास्त्र की शुरुआत ही नवरत्न से करते हैं। लेकिन यह समझना दिलचस्प है कि इन नौ रत्नों को एक साथ रखने का विचार केवल आभूषण-सौंदर्य का नहीं है। इसके पीछे एक गहरी प्रतीकात्मक सोच है—मानो मनुष्य अपने साथ ब्रह्मांडीय संतुलन का एक छोटा रूप धारण कर रहा हो।

भारतीय परंपरा में ग्रह केवल खगोलीय पिंडों के रूप में नहीं देखे गए। उन्हें जीवन के विभिन्न पक्षों के सूचक, कारक और प्रभावकारी तत्वों के रूप में समझा गया। सूर्य को आत्मा, तेज, प्रतिष्ठा और जीवन-ऊर्जा से जोड़ा गया। चंद्रमा मन, भावनाओं और शांति से। मंगल साहस, संघर्ष और रक्त से। बुध बुद्धि, वाणी और व्यापार से। बृहस्पति ज्ञान, धर्म, आशीर्वाद और विस्तार से। शुक्र प्रेम, सौंदर्य, कला और सुख से।

शनि कर्म, अनुशासन, धैर्य और न्याय से। राहु को भ्रम, अचानक मोड़, महत्वाकांक्षा और असामान्य स्थितियों से जोड़ा गया, जबकि केतु को वैराग्य, सूक्ष्मता, अध्यात्म और गूढ़ अनुभवों से। अब जब जीवन के इतने व्यापक पक्ष ग्रहों के माध्यम से समझे गए, तो स्वाभाविक था कि उनसे जुड़े रत्नों को भी एक विशेष महत्व दिया जाए।

नवरत्न की सबसे सुंदर बात यह है कि यह किसी एक ग्रह की नहीं, पूरे समूह की बात करता है। एक अकेला रत्न किसी एक ग्रह की ऊर्जा या प्रभाव का प्रतिनिधि माना जाता है, जबकि नवरत्न नौ ग्रहों का सामूहिक रूप है। इसी कारण नवरत्न को बहुत-से लोग संतुलन का प्रतीक मानते हैं। मानो जीवन केवल एक गुण से नहीं चलता–केवल बुद्धि से भी नहीं, केवल साहस से भी नहीं, केवल सौंदर्य से भी नहीं, केवल अनुशासन से भी नहीं। जीवन में मन भी चाहिए, विवेक भी चाहिए, तेज भी चाहिए, करुणा भी, धन भी, धैर्य भी, और दिशा भी। नवरत्न इस व्यापकता का प्रतीक बन जाता है। शायद यही वजह है कि इसकी छवि हमेशा समग्र रही है।

भारतीय इतिहास में नवरत्न का संबंध राजसत्ता से भी जोड़ा गया। राजाओं के मुकुट, हार, बाजूबंद, सिंहासन, तलवारों और विशेष आभूषणों में नवरत्न जड़ने की परंपरा केवल विलास के कारण नहीं रही होगी। सत्ता हमेशा अपने को ब्रह्मांडीय वैधता के साथ प्रस्तुत करना चाहती है। राजा केवल शासक नहीं, व्यवस्था का केंद्र भी माना जाता था। ऐसे में नवरत्न से सज्जित मुकुट या आभूषण मानो यह संकेत देते थे कि राजा नौ ग्रहों के संरक्षण में है, या यह कि उसका शासन संतुलित, समृद्ध और व्यापक शक्ति से युक्त है। यह विचार आज भले प्रतीकात्मक लगे, पर पुराने समय में ऐसी चीजों का मनोवैज्ञानिक असर बहुत गहरा होता था। राजवैभव केवल धन नहीं दिखाता था, वह दैवी स्वीकृति और शुभता का भाव भी जगाता था।

इसी कारण नवरत्न का आकर्षण राजाओं से निकलकर आम समाज तक भी आया। समय बीता, राजसी मुकुट आम जीवन का हिस्सा नहीं रहे, पर नवरत्न की अवधारणा जीवित रही। लोग नवरत्न अंगूठी पहनने लगे, नवरत्न पेंडेंट, कंगन, हार और ताबीज जैसे रूप बनने लगे। कुछ लोग इसे केवल सुंदरता के लिए धारण करते हैं, कुछ इसे पारिवारिक

परंपरा के कारण, और बहुत से लोग इसे इस विश्वास से पहनते हैं कि अलग-अलग ग्रहों से जुड़े रत्न साथ होने से जीवन में संतुलन और सुरक्षा बनी रहती है। यहाँ एक रोचक बात है—कई लोग जिन्हें अलग-अलग ग्रहों के अलग-अलग रत्न पहनने में संकोच होता है, वे नवरत्न को एक समेकित और सुरक्षित विकल्प मान लेते हैं।

लेकिन यहीं एक सवाल उठता है—क्या नवरत्न सचमुच सबके लिए समान रूप से उपयुक्त माना जाता है? इस पर परंपरा में अलग-अलग मत मिलते हैं। कुछ विद्वान मानते हैं कि चूँकि नवरत्न नौ ग्रहों का समूह है, इसलिए यह व्यक्तिगत रत्नों की तरह तीव्र प्रभाव नहीं देता, बल्कि एक संतुलित और सामूहिक प्रभाव देता है। इस कारण इसे अपेक्षाकृत सुरक्षित माना जाता है। दूसरी ओर कुछ लोग मानते हैं कि रत्न चाहे समूह में हों, फिर भी वे ग्रहों का प्रतिनिधित्व करते हैं, इसलिए पहनने से पहले विचार करना चाहिए। व्यावहारिक रूप से देखा जाए तो नवरत्न को आमतौर पर एक सौम्य, प्रतिष्ठित और पारंपरिक विकल्प के रूप में देखा जाता है, लेकिन फिर भी समझदारी यही कहती है कि इसे केवल फैशन समझकर नहीं पहनना चाहिए। यदि कोई व्यक्ति इसे ज्योतिषीय दृष्टि से पहन रहा है, तो उसे कम-से-कम मूल जानकारी अवश्य लेनी चाहिए।

नवरत्न की व्यवस्था भी अपने आप में अर्थपूर्ण मानी जाती है। अक्सर पारंपरिक नवरत्न आभूषणों में माणिक्य को केंद्र में रखा जाता है, क्योंकि वह सूर्य का प्रतिनिधि माना जाता है। उसके आसपास अन्य आठ रत्न एक निश्चित क्रम में जड़े जाते हैं। यह केवल सजावट नहीं, बल्कि प्रतीकात्मक स्थापत्य जैसा है। केंद्र में सूर्य, चारों ओर अन्य ग्रह। यह व्यवस्था यह भाव पैदा करती है कि जीवन के केंद्र में प्रकाश है, और बाकी शक्तियाँ उसके चारों ओर संतुलित रूप में व्यवस्थित हैं। यद्यपि अलग-अलग क्षेत्रों और सुनारों की परंपराओं में रत्नों की जमावट में कुछ अंतर मिल सकता है, फिर भी सूर्य-केन्द्रित विन्यास बहुत प्रसिद्ध है। यह विन्यास देखने में भी सुंदर लगता है और अर्थ की दृष्टि से भी प्रभावशाली।

नवरत्न की लोकप्रियता का एक कारण यह भी है कि इसमें जीवन की बहुलता समाई हुई लगती है। मान लीजिए कोई व्यक्ति यह तय

नहीं कर पा रहा कि उसे कौन-सा रत्न पहनना चाहिए। वह सुनता है कि माणिक्य आत्मबल के लिए अच्छा है, मोती शांति देता है, पन्ना बुद्धि से जुड़ा है, पुखराज गुरु-कृपा और विवाह के लिए, नीलम शनि के लिए, हीरा शुक्र के लिए। अब उसके मन में उलझन हो सकती है कि एक पहनूँ या दूसरा। ऐसे में नवरत्न उसे एक समेकित रूप देता है। वह मान लेता है कि इसमें सब कुछ थोड़ा-थोड़ा है, इसलिए यह एक संतुलित उपाय होगा। यह सोच ही नवरत्न को व्यावहारिक रूप से आकर्षक बनाती है। लोगों को लगता है कि इससे किसी एक दिशा में अति नहीं होगी, बल्कि संपूर्णता का भाव रहेगा।

हालाँकि यहाँ एक सावधानी की बात भी है। नवरत्न को बहुत लोग "सभी समस्याओं का सार्वभौम समाधान" मान लेते हैं, जबकि ऐसा सोचना उचित नहीं। यह सही है कि नवरत्न एक पारंपरिक और व्यापक प्रतीक है, पर इसका यह अर्थ नहीं कि व्यक्ति को अपने जीवन, कर्म, स्वास्थ्य, निर्णय और जिम्मेदारियों से छूट मिल गई। कोई भी रत्न, चाहे अकेला हो या नवरत्न के रूप में, जीवन का विकल्प नहीं हो सकता। वह सहायक हो सकता है, प्रेरक हो सकता है, सांस्कृतिक या आध्यात्मिक संबल दे सकता है, लेकिन वह मेहनत, संयम और सही दिशा का स्थान नहीं ले सकता। इस बात को याद रखना बहुत जरूरी है, क्योंकि यहीं से रत्न शास्त्र समझदारी से जुड़ता है।

नवरत्न की परंपरा में एक आध्यात्मिक आकर्षण भी है। भारतीय मन हमेशा से "संतुलन" की तलाश में रहा है। पंचतत्व का संतुलन, त्रिदोष का संतुलन, दिशाओं का संतुलन, ग्रहों का संतुलन, जीवन के पुरुषार्थों का संतुलन–हमारी परंपरा में समग्र दृष्टि बहुत महत्त्वपूर्ण रही है। नवरत्न उसी समग्रता की भाषा बोलता है। यह मानो कहता है कि जीवन को केवल एक कोण से नहीं समझा जा सकता। मनुष्य को प्रकाश भी चाहिए, शांति भी, बुद्धि भी, साहस भी, प्रेम भी, अनुशासन भी और भीतर की जागरूकता भी। नवरत्न इस विविधता को एक छोटे-से आभूषण में समेट देता है। शायद इसीलिए इसका आकर्षण केवल ज्योतिष में विश्वास रखने वालों तक सीमित नहीं रहता; कई लोग इसे आध्यात्मिक प्रतीक की तरह भी पसंद करते हैं।

भारत में नवरत्न शब्द का अर्थ केवल रत्नों तक ही सीमित नहीं रहा। साहित्य, राजनीति, राजदरबार और संस्कृति में भी "नवरत्न" शब्द श्रेष्ठ नौ व्यक्तियों या प्रतिभाओं के समूह के लिए प्रयुक्त हुआ। जैसे किसी सम्राट के दरबार के नौ रत्न। यह प्रयोग अपने आप में बताता है कि नवरत्न शब्द भारतीय भाषा और कल्पना में कितनी प्रतिष्ठा रखता है। जब किसी व्यक्ति या समूह को नवरत्न कहा जाता है, तो इसका अर्थ होता है कि वे श्रेष्ठ, दुर्लभ, मूल्यवान और सामूहिक रूप से महत्त्वपूर्ण हैं। यही सांस्कृतिक गूँज रत्नों वाले नवरत्न की प्रतिष्ठा को और गहरा करती है। शब्द जब केवल वस्तु नहीं रहता, प्रतीक बन जाता है, तब उसका प्रभाव और बढ़ जाता है।

अब यदि नवरत्न को व्यावहारिक स्तर पर देखें, तो इसके कई रूप मिलते हैं। कहीं यह अंगूठी के रूप में मिलता है, कहीं लाकेट, कहीं कंगन, कहीं हार, कहीं ब्रेसलेट, और कहीं पूजा या संग्रह के रूप में भी। बहुत से लोग इसे बच्चे के लिए नहीं, बल्कि वयस्क के लिए उपयुक्त मानते हैं। कुछ लोग इसे किसी विशेष जीवन-काल में धारण करते हैं, जैसे नई शुरुआत, कारोबार, पद, जिम्मेदारी या व्यक्तिगत स्थिरता के समय। कुछ लोग इसे जन्मदिन, विवाह, वर्षगाँठ या आध्यात्मिक प्रेरणा के रूप में भेंट भी करते हैं। यानी नवरत्न केवल उपाय नहीं, उपहार और स्मृति भी बन चुका है।

इसकी लोकप्रियता ने बाजार को भी खूब प्रभावित किया है। आज लगभग हर बड़े ज्वेलर के यहाँ नवरत्न आभूषण मिल जाते हैं। लेकिन यही वह जगह है जहाँ सावधानी की जरूरत बढ़ जाती है। कई बार नवरत्न के नाम पर बहुत छोटे, कम गुणवत्ता वाले, सिंथेटिक या रंगे हुए पत्थर जड़ दिए जाते हैं। देखने में आभूषण सुंदर लगता है, पर उसके भीतर की सामग्री उस मानक की नहीं होती जो खरीदार समझ रहा होता है। कई बार लोग केवल रंग देखकर मान लेते हैं कि यह नवरत्न है। इसलिए यदि कोई व्यक्ति नवरत्न को केवल आभूषण नहीं, बल्कि पारंपरिक या ज्योतिषीय महत्त्व के साथ लेना चाहता है, तो उसे गुणवत्ता पर विशेष ध्यान देना चाहिए। यह जानना चाहिए कि कौन-से पत्थर जड़े हैं, वे प्राकृतिक हैं या नहीं, उनका आकार क्या है, और उनकी जड़ाई कैसी है।

एक दिलचस्प बात यह भी है कि नवरत्न पर विश्वास रखने वाले लोग अक्सर इसे "सुरक्षा कवच" जैसी भावना से देखते हैं। वे मानते हैं कि जब नौ ग्रहों के प्रतिनिधि रत्न साथ हों, तो जीवन में अचानक आने वाली चुनौतियों का असर कुछ हद तक संतुलित हो सकता है। यह मान्यता परंपरा का हिस्सा है। आधुनिक व्यक्ति चाहे इसे प्रतीकात्मक समझे, पर जो लोग इसे धारण करते हैं, उनके लिए इसका भावनात्मक असर काफी गहरा हो सकता है। वे इसे अपने साथ शुभता, संतुलन और दैवी संरक्षण का छोटा रूप मानते हैं। यही भाव कई बार व्यक्ति को मानसिक बल भी देता है। जब मन भय से भरा हो, तब कोई प्रतीक यदि स्थिरता दे, तो उसका अपना महत्व होता है।

लेकिन हर अच्छी चीज की तरह यहाँ भी अति से बचना जरूरी है। नवरत्न पहनकर यदि कोई व्यक्ति यह सोचने लगे कि अब उसे किसी सलाह, श्रम, स्वास्थ्य-सावधानी या नैतिक निर्णय की आवश्यकता नहीं, तो वह भ्रम में है। भारतीय परंपरा ने उपायों की बात की है, पर कर्म की उपेक्षा नहीं की। ग्रहों की बात की है, पर विवेक की भी। रत्न की बात की है, पर संयम की भी। इसलिए नवरत्न का सही अर्थ यही है कि वह जीवन में एक सहायक, शुभ और संतुलनकारी प्रतीक हो सकता है, न कि जिम्मेदारियों से मुक्ति का साधन।

कई घरों में नवरत्न को धार्मिक भाव से भी देखा जाता है। पूजा के स्थान में नवरत्न रखे जाते हैं, कुछ लोग विशेष मुहूर्त में इसे धारण करते हैं, कुछ मंत्र-पाठ के साथ पहनते हैं, और कुछ इसे केवल ईश्वर की कृपा के स्मारक की तरह रखते हैं। यह सब इस बात को दिखाता है कि नवरत्न केवल ज्योतिषीय यंत्र नहीं है; वह भारतीय श्रद्धा-जगत का भी हिस्सा है। कुछ लोग इसे ग्रहों के संतुलन का माध्यम मानते हैं, कुछ देवकृपा का प्रतीक, और कुछ इसे पारिवारिक शुभचिह्न की तरह सुरक्षित रखते हैं। यह बहुआयामी भूमिका ही इसकी दीर्घजीविता का कारण है।

यदि नवरत्न के सामूहिक महत्व को एक वाक्य में कहें, तो यह कहा जा सकता है कि नवरत्न भारतीय मन की उस इच्छा का रूप है जिसमें मनुष्य जीवन की विभिन्न शक्तियों को एक साथ संतुलित और शुभ रूप में अपने पास रखना चाहता है। उसे केवल सफलता नहीं चाहिए, शांति भी चाहिए। केवल बुद्धि नहीं, संबंध भी चाहिए। केवल धन नहीं, स्थिरता

भी चाहिए। केवल परिश्रम नहीं, संरक्षण भी चाहिए। नवरत्न मानो इस समग्र चाहत का भौतिक रूप है। तभी यह अवधारणा सदियों से बनी हुई है और आज भी जीवित है।

नवरत्न की परंपरा हमें यह भी सिखाती है कि भारतीय सोच में सौंदर्य और अर्थ अलग-अलग नहीं चलते। एक नवरत्न अंगूठी देखने में सुंदर होती है, लेकिन उसका आकर्षण केवल रंगों के कारण नहीं होता। उसमें एक कहानी होती है—सूर्य से शनि तक, मन से बुद्धि तक, प्रेम से अनुशासन तक, भय से वैराग्य तक। वह एक छोटे-से रूप में जीवन की विविधता को सामने रखती है। इसी वजह से नवरत्न को देखने वाला व्यक्ति केवल रंग नहीं देखता, वह उसके पीछे की परंपरा भी महसूस करता है, चाहे उसे उसका पूरा ज्ञान हो या न हो।

आख़िरकार बात यहाँ आकर ठहरती है कि नवरत्न भारतीय रत्न परंपरा की सबसे प्रतिनिधि अवधारणाओं में से एक है। इसमें ज्योतिष है, इतिहास है, सौंदर्य है, राजसी स्मृति है, आस्था है और मनोवैज्ञानिक गहराई भी है। यह किसी एक रत्न की कहानी नहीं, बल्कि समग्र जीवन की कहानी जैसा प्रतीत होता है। इसलिए नवरत्न को समझना रत्न शास्त्र को समझने की एक बड़ी कुंजी है। आगे जब हम अलग-अलग रत्नों पर विस्तार से चर्चा करेंगे, तब यह और स्पष्ट होगा कि प्रत्येक रत्न अपनी अलग प्रकृति रखता है, और नवरत्न में वे सब मिलकर एक संयुक्त प्रतीक बनाते हैं।

अब तक हमने भूमिका, इतिहास, वैज्ञानिक और ज्योतिषीय पक्ष, और नवरत्न की सामूहिक परंपरा समझ ली। अब स्वाभाविक रूप से हमें हर प्रमुख रत्न को अलग-अलग जानना चाहिए। और शुरुआत होगी उस रत्न से जिसे सूर्य का प्रतिनिधि माना गया—माणिक्य। भारतीय रत्न परंपरा में माणिक्य का स्थान बहुत ऊँचा है। इसे तेज, आत्मविश्वास, सम्मान और आभा का रत्न कहा गया है। अब आगे हम इसे विस्तार से समझेंगे।

***

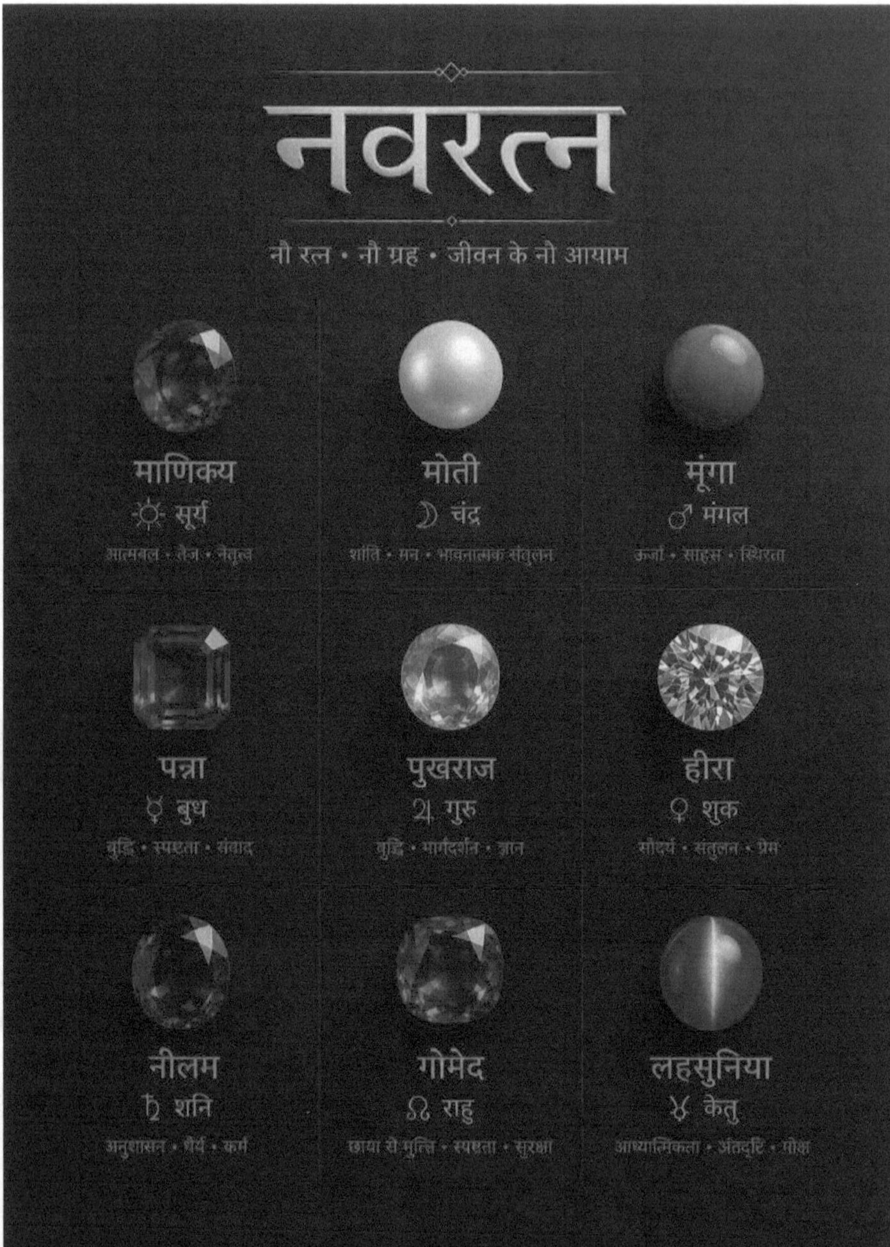
नवरत्न
नौ रत्न • नौ ग्रह • जीवन के नौ आयाम
माणिक्य
☉ सूर्य
आत्मबल • तेज • नेतृत्व
मोती
☽ चंद्र
शांति • मन • भावनात्मक संतुलन
मूंगा
♂ मंगल
ऊर्जा • साहस • स्थिरता
पन्ना
☿ बुध
बुद्धि • स्पष्टता • संवाद
पुखराज
♃ गुरु
बुद्धि • मार्गदर्शन • ज्ञान
हीरा
♀ शुक्र
सौंदर्य • संतुलन • प्रेम
नीलम
♄ शनि
अनुशासन • धैर्य • कर्म
गोमेद
☊ राहु
छाया से मुक्ति • स्पष्टता • सुरक्षा
लहसुनिया
☋ केतु
आध्यात्मिकता • अंतर्दृष्टि • मोक्ष

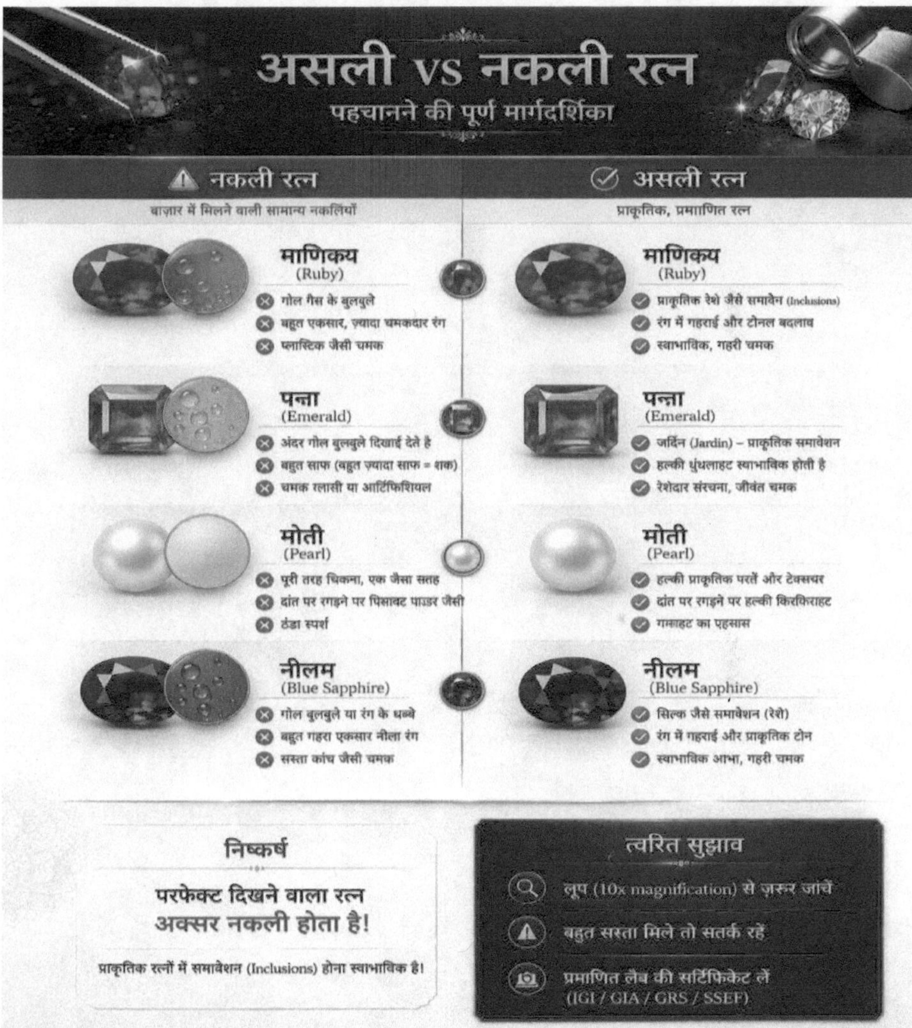
असली vs नकली रत्न
पहचानने की पूर्ण मार्गदर्शिका
नकली रत्न
बाज़ार में मिलने वाली सामान्य नकलियाँ
असली रत्न
प्राकृतिक, प्रमाणित रत्न
माणिक्य
(Ruby)
गोल गैस के बुलबुले
बहुत एकसार, ज़्यादा चमकदार रंग
प्लास्टिक जैसी चमक
माणिक्य
(Ruby)
प्राकृतिक रेशे जैसे समावेन (Inclusions)
रंग में गहराई और टोनल बदलाव
स्वाभाविक, गहरी चमक
पन्ना
(Emerald)
अंदर गोल बुलबुले दिखाई देते है
बहुत साफ (बहुत ज़्यादा साफ = शक)
चमक ग्लासी या आर्टिफिशियल
पन्ना
(Emerald)
जर्दिन (Jardin) – प्राकृतिक समावेशन
हल्की धुंधलाहट स्वाभाविक होती है
रेशेदार संरचना, जीवंत चमक
मोती
(Pearl)
पूरी तरह चिकना, एक जैसा सतह
दांत पर रगड़ने पर पिसावट पाउडर जैसी
ठंडा स्पर्श
मोती
(Pearl)
हल्की प्राकृतिक परतें और टेक्सचर
दांत पर रगड़ने पर हल्की किरकिराहट
गमाहट का एहसास
नीलम
(Blue Sapphire)
गोल बुलबुले या रंग के धब्बे
बहुत गहरा एकसार नीला रंग
सस्ता कांच जैसी चमक
नीलम
(Blue Sapphire)
सिल्क जैसे समावेशन (रेशे)
रंग में गहराई और प्राकृतिक टोन
स्वाभाविक आभा, गहरी चमक
निष्कर्ष
परफेक्ट दिखने वाला रत्न
अक्सर नकली होता है!
प्राकृतिक रत्नों में समावेशन (Inclusions) होना स्वाभाविक है।
त्वरित सुझाव
लूप (10x magnification) से ज़रूर जांचें
बहुत सस्ता मिले तो सतर्क रहें
प्रमाणित लैब की सर्टिफिकेट लें
(IGI / GIA / GRS / SSEF)

रत्न धारण विधि
— सही रत्न और धातु का चयन —

अध्याय 5

माणिक्य

माणिक्य को देखकर सबसे पहले जो बात मन में आती है, वह है–उपस्थिति। कुछ रत्न सुंदर होते हैं, कुछ शांत; लेकिन माणिक्य अपने रंग और स्वभाव से मानो स्वयं को घोषित करता है। शायद इसी वजह से इसे तेज, प्रतिष्ठा और आत्म-प्रकाश का रत्न माना गया।

आम बोलचाल में बहुत लोग इसे "माणिक" भी कहते हैं। अंग्रेज़ी में इसे रूबी कहा जाता है। लेकिन हमारे यहाँ इसका महत्व केवल नाम या बाजार तक सीमित नहीं है। माणिक्य का जिक्र आते ही लोगों के मन में एक खास तरह की ऊर्जा का भाव बनता है। जैसे कोई व्यक्ति जो भीड़ में दबा नहीं रहता, जिसकी उपस्थिति महसूस होती है, जो स्वयं को लेकर स्पष्ट है, जो भीतर से कुछ गरमाहट और दृढ़ता रखता है–वैसी ही छवि इस रत्न की बनाई गई। यही वजह है कि इसे सूर्य का प्रतिनिधि माना गया। सूर्य खुद प्रकाश का, आत्मा का, पिता का, नेतृत्व का, प्रतिष्ठा का और जीवन-ऊर्जा का प्रतीक माना गया है। स्वाभाविक है कि उसके रत्न में भी वही अर्थ देखे गए।

माणिक्य को समझने के लिए पहले उसके बाहरी रूप पर बात कर लेते हैं। इसका रंग लाल होता है, लेकिन हर लाल पत्थर माणिक्य नहीं होता और हर माणिक्य एक जैसा लाल भी नहीं होता। कहीं इसका रंग गुलाबीपन लिए होता है, कहीं गहरा रक्तवर्ण, कहीं हल्का लाल, कहीं ऐसा कि उसमें हल्की बैंगनी झलक भी दिखाई देती है। परंपरागत रूप से वही माणिक्य अधिक श्रेष्ठ माना गया जिसकी आभा जीवित लगे, रंग साफ हो, भीतर से चमक उठे और जिसे देखकर लगे कि पत्थर में कोई

जान है। कुछ रत्न देखने में तो लाल होते हैं, लेकिन उनमें वह गहराई नहीं होती जो माणिक्य को खास बनाती है। अच्छे माणिक्य में केवल रंग नहीं, तेज भी दिखाई देता है।

यही "तेज" शब्द माणिक्य की पूरी चर्चा का केंद्र है। भारतीय परंपरा में तेज का अर्थ सिर्फ चमक नहीं होता। तेज का मतलब है व्यक्तित्व की आभा, आत्मविश्वास, जीवनी-शक्ति, प्रभाव, सम्मान पाने की क्षमता और कभी-कभी भीतर का साहस। कोई व्यक्ति बहुत विद्वान हो सकता है, लेकिन उसमें तेज न हो तो उसकी उपस्थिति हल्की लगती है। दूसरी ओर कोई साधारण शिक्षा वाला व्यक्ति भी तेजस्वी हो सकता है–उसकी बात में वजन होता है, चेहरे पर आत्मविश्वास होता है, चलने-बोलने में एक प्रकार का स्वाभिमान होता है। माणिक्य को इसी तेज से जोड़ा गया। इसलिए इसे ऐसे रत्न के रूप में देखा गया जो व्यक्ति के भीतर की बुझी हुई लौ को कुछ हद तक सहारा दे सके।

बहुत-से ज्योतिषी और पारंपरिक जानकार माणिक्य को उन लोगों के लिए उपयोगी मानते हैं जिनका सूर्य कमजोर हो, या जिनके जीवन में आत्मविश्वास, सामाजिक मान, निर्णय क्षमता, नेतृत्व, पिता से संबंध, या सार्वजनिक छवि से जुड़ी परेशानियाँ चल रही हों। अब यह बात समझने वाली है कि "कमजोर सूर्य" का अर्थ केवल कुंडली की तकनीकी भाषा तक सीमित नहीं है। साधारण व्यक्ति की दृष्टि से देखें तो इसका

मतलब अक्सर यह समझा जाता है कि व्यक्ति खुद को ठीक से व्यक्त नहीं कर पा रहा, भीतर से दबाव महसूस करता है, अपने अधिकार के लिए बोल नहीं पाता, सम्मान की कमी महसूस करता है, या जीवन में दिशा तो है पर प्रकाश नहीं है। ऐसे में माणिक्य को आत्मप्रकाश का रत्न कहा गया।

लेकिन यहाँ एक बात साफ रखनी जरूरी है। माणिक्य को लेकर जो बातें कही जाती हैं, उन्हें समझदारी से समझना चाहिए। यह कोई ऐसी चीज नहीं कि उँगली में पहनते ही व्यक्ति अगले दिन नेता बन जाए, नौकरी में प्रमोशन मिल जाए या सब लोग उसे सम्मान देने लगें। रत्न शास्त्र में भी समझदार परंपरा यही कहती है कि रत्न सहायक होते हैं, जीवन का सारा काम खुद नहीं करते। माणिक्य का सही अर्थ यह है कि वह व्यक्ति के भीतर सूर्य से जुड़े गुणों की याद दिलाता है–जैसे आत्मविश्वास, स्पष्टता, गरिमा, निर्णय क्षमता और अपने मूल्य का बोध। यदि पहनने वाला व्यक्ति खुद भी अपने जीवन में इन गुणों पर काम करे, तो रत्न उसके लिए एक मजबूत प्रतीक बन सकता है।

यही बात शायद माणिक्य को इतना आकर्षक बनाती है। यह सिर्फ गहना नहीं लगता, यह व्यक्तित्व का बयान जैसा महसूस होता है। कई लोग जो माणिक्य पहनते हैं, वे बताते हैं कि उन्हें इसे पहनकर एक तरह की आंतरिक गर्मी, सक्रियता या सजगता महसूस होती है। अब इसका कारण ज्योतिषीय हो, मनोवैज्ञानिक हो या दोनों का मेल–यह अलग चर्चा है–लेकिन यह अनुभव आम है कि लाल रंग वाले रत्न को लोग ऊर्जा और उपस्थिति से जोड़ते हैं। लाल रंग वैसे भी निष्क्रियता का रंग नहीं है। वह जगाता है, ध्यान खींचता है, गति और जीवन का एहसास देता है। इसीलिए माणिक्य का मनोवैज्ञानिक असर भी कम दिलचस्प नहीं है।

भारतीय परंपरा में सूर्य को राजा कहा गया और माणिक्य को रत्नों का राजा। यह उपमा यूँ ही नहीं आई। प्राचीन काल में भी लाल रत्नों का बड़ा मूल्य था। राजमुकुटों, राजसी आभूषणों, सिंहासनों और विशेष अनुष्ठानों में लाल रत्नों का प्रयोग प्रतिष्ठा का सूचक माना जाता था। माणिक्य का रंग रक्त और अग्नि दोनों की याद दिलाता है–जीवन और शक्ति की भी, और गौरव की भी। इससे समझ में आता है कि राजघरानों में इसका विशेष महत्व रहा। किसी राजा के मुकुट में जड़ा माणिक्य

केवल आभूषण नहीं होता था, वह राजतेज का प्रतीक भी होता था। बाद में यही विचार आम जनजीवन में भी उतर आया।

अब यदि हम इसके ज्योतिषीय अर्थ को थोड़ा और सरल करें, तो कहा जा सकता है कि माणिक्य उन स्थितियों में अधिक चर्चा में आता है जहाँ व्यक्ति को स्वयं को मजबूत करना हो। जैसे कोई युवा बार-बार अवसरों के सामने घबरा जाता है। कोई अधिकारी पद पर तो है, पर निर्णय लेते समय डोल जाता है। कोई व्यक्ति योग्य होते हुए भी अपनी बात सामने नहीं रख पाता। कोई अपने ही घर या परिवार में स्वयं को अनदेखा महसूस करता है। कोई पिता के साथ मानसिक दूरी से जूझ रहा है। ऐसे मामलों में कभी-कभी माणिक्य की सलाह दी जाती है। पर फिर वही बात–हर व्यक्ति को नहीं, हर हाल में नहीं, और बिना समझे तो बिल्कुल नहीं।

माणिक्य के बारे में एक पारंपरिक धारणा यह भी रही है कि यह सम्मान और पहचान दिलाने वाला रत्न है। यह बात सुनने में बहुत आकर्षक लगती है, इसलिए कई लोग बिना अधिक समझे इसकी ओर खिंच जाते हैं। लेकिन "सम्मान" का मतलब केवल बाहरी तालियाँ नहीं होता। कभी-कभी इसका अर्थ आत्मसम्मान भी होता है। और यह समझना बहुत जरूरी है। बहुत से लोग बाहर से ठीक दिखते हैं, पर भीतर से स्वयं को कमतर मानते हैं। वे दूसरों को खुश रखने में लगे रहते हैं, अपनी जरूरतों को दबा देते हैं, अपने निर्णय पर भरोसा नहीं करते। ऐसे व्यक्ति के लिए माणिक्य की चर्चा केवल पद या प्रसिद्धि की नहीं, बल्कि आत्मसम्मान की चर्चा भी हो सकती है। इस दृष्टि से देखें तो इसका अर्थ और गहरा हो जाता है।

अब थोड़ा इसके भौतिक पक्ष की बात भी कर लें। माणिक्य एक खनिज रत्न है और विज्ञान की दृष्टि से इसकी अपनी संरचना होती है। इसके रंग, पारदर्शिता, आंतरिक रेखाओं, चमक और कटिंग के आधार पर इसकी गुणवत्ता देखी जाती है। बाजार में अच्छे माणिक्य बहुत महंगे भी हो सकते हैं, और बहुत सस्ते भी मिल जाते हैं। यहीं से भ्रम शुरू होता है। आम आदमी अक्सर हर लाल पत्थर को माणिक समझ लेता है। बाजार में काँच, सिंथेटिक पत्थर, रंगे हुए पत्थर या दूसरे लाल रत्नों को भी माणिक बताकर बेच दिया जाता है। इसलिए यदि कोई व्यक्ति

ज्योतिषीय या पारंपरिक महत्व के साथ माणिक्य खरीदना चाहता है, तो उसे केवल रंग देखकर निर्णय नहीं लेना चाहिए।

असली और अच्छे माणिक्य में एक बात विशेष रूप से देखी जाती है–उसकी चमक भीतर से आती हुई लगे। वह सुस्त न दिखे। उसका रंग आकर्षक हो, लेकिन इतना भी अँधेरा न हो कि पत्थर काला-सा लगने लगे। कुछ माणिक्य बहुत हल्के होते हैं, कुछ इतने गहरे कि उनमें जीवन कम लगता है। बीच का वह संतुलन, जहाँ लाल रंग में जीवंतता हो, सामान्यतः अधिक पसंद किया जाता है। हालाँकि रत्न शास्त्र में केवल सौंदर्य नहीं, उपयुक्तता भी देखी जाती है, फिर भी खराब गुणवत्ता का पत्थर लेने से न सौंदर्य मिलता है, न संतोष।

माणिक्य को लेकर कई लोकमान्यताएँ भी प्रचलित हैं। कुछ लोग कहते हैं कि यह हृदय को मजबूत करता है, कुछ कहते हैं कि इससे रक्त और ऊर्जा पर अच्छा प्रभाव पड़ता है, कुछ कहते हैं कि इससे आलस्य कम होता है। इन दावों को आधुनिक चिकित्सा की जगह नहीं रखनी चाहिए, पर यह जरूर समझना चाहिए कि लोकजीवन में रत्नों को केवल ग्रह-शांति तक सीमित नहीं रखा गया। लोगों ने अपने अनुभवों के आधार पर उनसे मन और शरीर दोनों को जोड़कर देखा। यह अलग बात है कि हर मान्यता को समान स्तर पर सच मान लेना ठीक नहीं, लेकिन उन्हें समझना रत्न संस्कृति को समझने का हिस्सा है।

अब सवाल आता है कि माणिक्य किन लोगों को नहीं पहनना चाहिए या किन स्थितियों में सावधानी रखनी चाहिए। यही वह हिस्सा है जिसे अक्सर लोग नजरअंदाज कर देते हैं। माणिक्य सूर्य का रत्न है, और सूर्य को शक्ति, अहं, आत्मप्रकाश और अधिकार से जोड़ा गया है। यदि किसी व्यक्ति के स्वभाव में पहले से ही बहुत अधिक अहंकार, क्रोध, कठोरता या दमनकारी प्रवृत्ति है, तो केवल यह सुनकर कि माणिक्य "राजयोग" देता है, उसे पहन लेना समझदारी नहीं है। कुछ परंपरागत मत मानते हैं कि अनुचित व्यक्ति को यह रत्न अधिक उग्र या असंतुलित भी महसूस हो सकता है। यहीं ज्योतिषीय परामर्श की जरूरत पड़ती है। हर चमकदार रत्न हर हाथ में अच्छा नहीं बैठता।

यह भी सच है कि बहुत से लोग माणिक्य केवल इसलिए पहनना चाहते हैं क्योंकि उन्हें उसका रंग पसंद आता है। इसमें कोई बुराई नहीं। यदि कोई इसे केवल आभूषण के रूप में पहनना चाहता है, तो वह अलग बात है। लेकिन यदि कोई इसे ज्योतिषीय उपाय मानकर पहन रहा है, तो उसे उद्देश्य साफ रखना चाहिए। गहने और उपाय के बीच का फर्क समझना जरूरी है। कई लोग कहते हैं–"मुझे तो बस पहनना है, अच्छा लगेगा।" ठीक है। पर यदि वही व्यक्ति बाद में हर घटना को उससे जोड़ने लगे, तो भ्रम पैदा होगा। इसलिए शुरुआत में ही स्पष्ट होना अच्छा है कि रत्न को आप किस भाव से धारण कर रहे हैं।

माणिक्य के साथ एक भावनात्मक रिश्ता भी बन सकता है। यह रत्न केवल शाही नहीं, व्यक्तिगत भी है। कुछ लोगों को यह अपने अंदर की खोई हुई चमक की याद दिलाता है। कुछ के लिए यह पिता का प्रतीक बन जाता है। कुछ के लिए यह अपने सम्मान की रक्षा करने का संकेत होता है। कुछ लोगों को लगता है कि वे जीवन भर दूसरों की छाया में रहे, अब उन्हें अपना केंद्र खोजना है। ऐसे में माणिक्य केवल पत्थर नहीं, एक घोषणा जैसा बन जाता है–कि अब मैं स्वयं को कम करके नहीं देखूँगा। इस प्रकार के अनुभवों को केवल अंधविश्वास कहकर खारिज कर देना आसान है, लेकिन मनुष्य का जीवन प्रतीकों से बनता है, और माणिक्य एक बहुत शक्तिशाली प्रतीक है।

अब ज़रा धारण-विधि की परंपरागत बात करें। सामान्यतः माणिक्य को सोने में धारण करना अधिक उपयुक्त माना गया है, क्योंकि सोना और सूर्य का संबंध शुभ माना जाता है। पर यह कोई एकमात्र नियम नहीं है; कुछ स्थितियों में अन्य विकल्प भी अपनाए जाते हैं। उँगली की बात करें तो परंपरा में इसे प्रायः अनामिका में पहनने की सलाह दी जाती है, विशेषकर दाहिने हाथ में। रविवार का दिन, सूर्योदय का समय, शुद्धि, मंत्र-जप और सूर्य को स्मरण करके धारण करना पारंपरिक रूप से अच्छा माना गया है। कुछ लोग इसे गंगाजल, कच्चे दूध, शहद या तुलसी-जल से शुद्ध करते हैं, फिर मंत्र के साथ धारण करते हैं। इन विधियों का मूल्य केवल कर्मकांड में नहीं, मानसिक तैयारी में भी है। जब कोई व्यक्ति किसी वस्तु को श्रद्धा और सजगता से धारण करता है, तो उसका संबंध भी अधिक अर्थपूर्ण बनता है।

मंत्र की बात आए तो लोग आम तौर पर सूर्य मंत्रों का सहारा लेते हैं। कुछ केवल "ॐ सूर्याय नमः" बोलकर भी धारण करते हैं, कुछ अधिक विस्तृत बीज मंत्रों का जप करते हैं। यहाँ मुख्य बात यह नहीं कि शब्द कितने जटिल हैं, बल्कि यह कि धारण करते समय मन स्पष्ट हो। यदि व्यक्ति भीतर से उलझा हो, डर में हो, या केवल जल्दबाजी में रत्न पहन ले, तो वह उस शांत भाव से वंचित रह जाता है जो किसी भी पारंपरिक धारण-विधि का मूल है। इसीलिए पुराने लोग कहते थे कि रत्न पहनना भी एक छोटे-से संकल्प की तरह होना चाहिए।

माणिक्य के साथ अक्सर एक प्रश्न और जुड़ता है—क्या इसका असर तुरंत दिखाई देता है? इसका एक ही जवाब सब पर लागू नहीं होता। कुछ लोगों को पहनने के बाद एक मानसिक बल जैसा अनुभव होता है। कुछ को खास फर्क नहीं लगता। कुछ लोग लंबे समय बाद अपने भीतर बदलाव महसूस करते हैं, जैसे निर्णय क्षमता में थोड़ी स्पष्टता, अपने मूल्य को लेकर थोड़ा आत्मविश्वास, या सार्वजनिक व्यवहार में अधिक स्थिरता। लेकिन यह भी सच है कि कोई व्यक्ति अगर केवल चमत्कार देखने बैठा है, तो वह अक्सर निराश होगा। माणिक्य को एक सहायक तत्व की तरह समझना अधिक सही है।

एक व्यावहारिक पहलू यह भी है कि माणिक्य बहुत महंगा हो सकता है। अच्छे प्राकृतिक माणिक्य हर किसी की पहुँच में नहीं होते। तब लोग विकल्प तलाशते हैं। कुछ लोग छोटे आकार का रत्न लेते हैं, कुछ कम गुणवत्ता में समझौता करते हैं, कुछ उपरत्न की ओर जाते हैं। इस परंपरा में उपरत्नों का भी स्थान है, जिनका उल्लेख हम आगे अलग अध्याय में करेंगे। लेकिन यहाँ इतना समझ लेना चाहिए कि केवल "बड़ा" रत्न ही प्रभावी होगा, ऐसा मान लेना जरूरी नहीं। शुद्धता, उपयुक्तता और विश्वास का भी अपना स्थान है। हालाँकि बाजार की चालाकियों से बचना बहुत जरूरी है, क्योंकि इसी जगह लोग अक्सर ठगे जाते हैं।

माणिक्य को लेकर कई मिथक भी चलते हैं। कोई कहता है कि इसे पहनते ही व्यक्ति गुस्सैल हो जाता है। कोई कहता है कि इससे राजयोग खुल जाता है। कोई कहता है कि यदि माणिक्य सूट कर जाए तो जीवन बदल जाता है। सच्चाई यह है कि इन बातों में अतिशयोक्ति बहुत होती है। कोई भी रत्न व्यक्ति के पूरे जीवन को अकेले नियंत्रित नहीं करता।

हाँ, यह जरूर हो सकता है कि सही व्यक्ति, सही समय और सही उद्देश्य से धारण किया गया माणिक्य उसके लिए उपयोगी अनुभव बने। लेकिन यह अनुभव भी जीवन की बाकी परिस्थितियों के साथ ही जुड़ा होगा। अतः न तो इसे बहुत डरकर देखना चाहिए, न बहुत बढ़ा-चढ़ाकर।

एक दिलचस्प बात यह है कि माणिक्य केवल पुरुषों का रत्न नहीं है, जैसा कुछ लोग मान लेते हैं। सूर्य के गुण–आत्मविश्वास, आत्मगौरव, निर्णय क्षमता, सामाजिक पहचान–ये केवल पुरुषों के लिए थोड़े ही हैं। स्त्रियाँ भी माणिक्य धारण करती रही हैं, और बहुत गरिमा के साथ करती रही हैं। कई स्त्रियों के लिए यह रत्न भीतर की शक्ति, सम्मान और आत्म-स्पष्टता का प्रतीक बनता है। इसलिए रत्नों को केवल लिंग आधारित धारणा में बाँधना उचित नहीं। जो गुण सार्वभौमिक हैं, उनके प्रतीक भी सार्वभौमिक हो सकते हैं।

यदि माणिक्य को एक मानवीय भाषा में समझें, तो यह रत्न कहता हुआ-सा लगता है–"अपने प्रकाश को कम मत करो।" बहुत-से लोग जीवन में इसलिए संघर्ष करते हैं क्योंकि वे भीतर से योग्य होते हुए भी स्वयं को व्यक्त नहीं कर पाते। वे अपने ही मूल्य को कम आँकते हैं, दूसरों के सामने सिकुड़ जाते हैं, निर्णय से बचते हैं, और फिर धीरे-धीरे उनका आत्मबल गिरने लगता है। माणिक्य की पूरी परंपरा ऐसे व्यक्ति को उसके भीतर के सूर्य की याद दिलाती है। यह बात चाहे ज्योतिषीय भाषा में कही जाए या मनोवैज्ञानिक भाषा में, अर्थ एक ही है–मनुष्य को अपने भीतर के प्रकाश से जुड़ना चाहिए।

सीधी बात यह है कि माणिक्य केवल एक लाल रत्न नहीं, बल्कि भारतीय रत्न परंपरा का एक अत्यंत प्रभावशाली प्रतीक है। इसमें सौंदर्य है, गरिमा है, शक्ति है, परंपरा है और व्यक्तित्व का संदेश भी है। इसे सूर्य का रत्न कहना केवल ज्योतिषीय वर्गीकरण नहीं, बल्कि उसके स्वभाव का संकेत भी है। यह रत्न हमें बाहरी चमक से अधिक भीतर की आभा की याद दिलाता है। लेकिन साथ ही यह भी सिखाता है कि तेज का सही अर्थ केवल चमकना नहीं, बल्कि संतुलित गरिमा के साथ जीना है।

अब माणिक्य के बाद अगला रत्न स्वाभाविक रूप से हमें एक बिलकुल अलग भावभूमि में ले जाता है। जहाँ माणिक्य में सूर्य की गर्मी,

तेज और उपस्थिति है, वहीं अगला रत्न हमें शांति, कोमलता, भावनाओं और मन की दुनिया में ले जाएगा। वह है मोती–चंद्रमा का रत्न।

***

अध्याय 6

मोती

मोती की सुंदरता चकाचौंध में नहीं, ठहराव में है। वह देखने वाले को चौंकाता नहीं, बल्कि धीरे-धीरे अपनी तरफ खींचता है। यही कोमलता उसे उन रत्नों से अलग बनाती है जो शक्ति या वैभव का प्रभाव देते हैं; मोती मन पर अधिक काम करता हुआ महसूस होता है।

मोती रत्नों की दुनिया में थोड़ा अलग भी है। माणिक्य, पन्ना, नीलम, पुखराज जैसे रत्न धरती की गहराइयों में खनिज प्रक्रियाओं से बनते हैं, लेकिन मोती का जन्म समुद्र से जुड़ी एक जीवित प्रक्रिया से होता है। यही बात उसे और भी खास बनाती है। सीप के भीतर धीरे-धीरे बनने वाला मोती प्रकृति की एक बहुत सुंदर और धैर्यपूर्ण रचना है। मानो समुद्र ने अपने भीतर से एक शांत, गोल, दूधिया बूँद तैयार की हो। इस कारण मोती का स्वभाव शुरू से ही मनुष्य को कुछ जीवंत और भावनात्मक-सा लगा। शायद इसीलिए इसे सिर्फ सौंदर्य का रत्न नहीं, संवेदना का रत्न भी माना गया।

भारतीय घरों में मोती का नाम बड़ा अपनापन लिए होता है। यह ऐसा रत्न नहीं जिसे सुनकर केवल वैभव की छवि बने। इसके साथ कोमलता, मातृत्व, मन, शांति, नींद, भावनाएँ, ठंडक और अपनापन जुड़ता है। बहुत-से लोग जिनको रत्नों की ज़्यादा जानकारी नहीं होती, वे भी इतना जानते हैं कि मोती चंद्रमा का रत्न है और इसे मन की शांति के लिए पहना जाता है। यही इसकी लोकप्रियता का बड़ा कारण है। जहाँ माणिक्य की ओर लोग तेज या सम्मान के लिए देखते हैं, वहीं मोती की ओर लोग सुकून के लिए देखते हैं।

चंद्रमा को भारतीय ज्योतिष में मन का कारक माना गया है। मन यानी केवल विचार नहीं, बल्कि भावनाएँ, प्रतिक्रिया, संवेदनशीलता, स्मृति, कल्पना, अंदरूनी हलचल, असुरक्षा, अपनापन, माँ से जुड़ी भावना, और वह सारा भीतरी संसार जो हमेशा शब्दों में नहीं आता। कोई व्यक्ति बाहर से बिल्कुल सामान्य दिखाई दे सकता है, पर भीतर बहुत उथल-पुथल से गुजर रहा होता है। कोई जल्दी रो पड़ता है, कोई बिना वजह चिंता करता है, कोई रात को सो नहीं पाता, कोई छोटी बात को दिल पर ले लेता है, कोई बार-बार मूड बदलता है। ऐसे स्वभावों को परंपरा में चंद्रमा से जोड़ा गया। इसी कारण जब चंद्रमा को कमजोर, अशांत या पीड़ित माना गया, तो मोती की चर्चा सामने आई।

मोती को लेकर जो सबसे सामान्य बात कही जाती है, वह है—यह मन को शांत करता है। अब इसे भी समझदारी से समझना चाहिए। शांत करने का मतलब यह नहीं कि कोई बहुत बेचैन व्यक्ति मोती पहनते ही अगले दिन पूरी तरह निश्चिंत हो जाएगा। बल्कि इसका अर्थ यह है कि मोती को लंबे समय से ऐसे रत्न की तरह देखा गया जो भावनात्मक उतार-चढ़ाव वाले लोगों के लिए सहायक हो सकता है। यह उन लोगों को पसंद आता है जो भीतर से कोमल हैं, जल्दी आहत होते हैं, चिड़चिड़े नहीं पर अस्थिर रहते हैं, या जिनके मन में हमेशा हल्की चिंता चलती रहती है। चंद्रमा का रत्न होने के कारण इसे मानसिक संतुलन, भावनात्मक शीतलता और घरेलू सुख से भी जोड़ा गया।

मोती की प्रकृति में एक बात बहुत खास है—यह रत्न आवाज़ नहीं करता, पर असर की बात हमेशा धीरे से करता है। नीलम के बारे में लोग डर के साथ बात करते हैं, माणिक्य के बारे में तेज़ के साथ, हीरे के बारे में आकर्षण के साथ, लेकिन मोती के बारे में बातचीत में अक्सर नरमी होती है। यह नरमी सिर्फ कल्पना नहीं, उसके पूरे सांस्कृतिक अर्थ का हिस्सा है। मोती को स्त्रैणता, मातृत्व, जल, चंद्र, शांति, कोमलता और पवित्रता से जोड़ा गया। ऐसे में इसे बहुत बार बच्चों, महिलाओं, भावुक स्वभाव वाले लोगों या मानसिक तनाव से गुजर रहे व्यक्तियों के लिए उपयुक्त माना गया।

मोती का रंग भी इस अर्थ को और गहरा करता है। उसका दूधिया सफेदपन साफ, ठंडा और मृदु महसूस होता है। कई मोती बिल्कुल उजले

नहीं होते, उनमें हल्की क्रीमी, गुलाबी या चाँदी जैसी झलक होती है। कुछ में नीली सी परत दिखती है, कुछ में हल्की सुनहरी चमक। लेकिन सामान्य रूप से मोती का जो प्रभाव है, वह शांति का है। सफेद रंग को हम वैसे भी शुद्धता, शांति और संतुलन से जोड़ते हैं। इसी कारण मोती को पहनने वाले लोग अक्सर कहते हैं कि यह रत्न देखने में ही मन को शांत करता है। यह सिर्फ ज्योतिषीय मान्यता नहीं, दृश्य और मनोवैज्ञानिक अनुभव भी है।

अब ज़रा मोती के भौतिक रूप पर भी बात कर लें। मोती का जन्म सीप के भीतर होता है। परंपरागत रूप से प्राकृतिक मोती को सबसे श्रेष्ठ माना गया, जो समुद्र या जल में स्वाभाविक रूप से बने। लेकिन आज बाजार में अधिकांश मोती संस्कारित या कल्चर्ड होते हैं, यानी उन्हें नियंत्रित प्रक्रिया में उगाया जाता है। इसके अलावा नकली मोती भी बहुत मिलते हैं, जो देखने में सुंदर लगते हैं लेकिन असली मोती नहीं होते। तभी मोती खरीदते समय बहुत सावधानी की जरूरत होती है। बहुत से लोग केवल गोलाई और चमक देखकर मोती खरीद लेते हैं, जबकि असली और नकली के बीच अंतर कई बार आसानी से समझ में नहीं आता।

अच्छे मोती की कुछ सामान्य पहचानें मानी जाती हैं—उसकी सतह सौम्य हो, चमक स्वाभाविक हो, रंग साफ हो, और उसमें जीवंतता महसूस हो। बहुत ज़्यादा प्लास्टिक जैसी चमक वाले या एकदम बनावटी सफेदी वाले मोती पर सावधान रहना चाहिए। प्राकृतिक मोती अक्सर पूरी तरह मशीन जैसी परिपूर्ण गोलाई में नहीं होते, हालांकि अच्छे संस्कारित मोती बहुत संतुलित आकार के भी हो सकते हैं। कुछ लोग दाँत पर हल्का रगड़कर पहचानने की बात करते हैं, लेकिन आज के समय में इस तरह की घरेलू तरकीबों पर पूरी तरह निर्भर रहना ठीक नहीं। बेहतर यही है कि विश्वसनीय स्रोत से लिया जाए और जहाँ जरूरत हो, प्रमाणपत्र भी देखा जाए।

मोती का संबंध अक्सर माँ से भी जोड़ा गया है। यह बात केवल ज्योतिषीय भाषा का हिस्सा नहीं, बल्कि गहरे सांस्कृतिक अनुभव से निकली प्रतीत होती है। माँ का अर्थ केवल जन्म देने वाली स्त्री नहीं, बल्कि पोषण, सुरक्षा, अपनापन, भावनात्मक आधार और बिना शर्त देखभाल का भाव है। चंद्रमा को भी कुछ इसी तरह देखा गया—पोषण

देने वाला, भीतर की दुनिया को प्रभावित करने वाला, मन को सींचने वाला। इसलिए जिन लोगों के जीवन में मातृ-पक्ष की कमी, दूरी, या भावनात्मक असुरक्षा अधिक हो, वे भी कभी-कभी मोती की ओर खिंचते हैं। उन्हें इसमें केवल उपाय नहीं, एक मानसिक सहारा दिखाई देता है।

मोती को लेकर लोकजीवन में कई तरह की बातें कही जाती रही हैं। कोई कहता है यह क्रोध कम करता है, कोई कहता है नींद बेहतर करने में सहायक होता है, कोई कहता है इससे मन स्थिर होता है, कोई कहता है दांपत्य और घरेलू शांति में सहायक है। अब इन सबको शाब्दिक और पूर्ण सत्य मानना सही नहीं होगा, लेकिन यह जरूर समझना चाहिए कि मोती की पूरी परंपरा "शांति" शब्द के इर्द-गिर्द घूमती है। और शांति का मतलब केवल मन में चुप्पी नहीं, बल्कि भावनात्मक संतुलन है। जब व्यक्ति हर बात पर टूटता नहीं, हर टिप्पणी को दिल पर नहीं लेता, हर चिंता में बहता नहीं, तब उसे भीतर थोड़ी जगह मिलती है। मोती को इसी जगह का रत्न माना गया।

लेकिन यहाँ भी वही सावधानी जरूरी है जो हर रत्न के साथ रखनी चाहिए। मोती को बहुत लोग "सबके लिए सुरक्षित" मान लेते हैं। यह सच है कि इसकी प्रकृति अपेक्षाकृत सौम्य मानी गई है, पर इसका मतलब यह नहीं कि हर व्यक्ति को हर समय मोती पहन लेना चाहिए। कुछ स्वभाव ऐसे भी होते हैं जहाँ व्यक्ति पहले से ही बहुत अधिक भावुक, निष्क्रिय, निर्णयहीन या अंदर की दुनिया में डूबा हुआ होता है। ऐसी स्थिति में हर परंपरा मोती की सलाह नहीं देती। कुछ मत मानते हैं कि अत्यधिक चंद्र प्रभाव वाले व्यक्ति को मोती बिना विचार के नहीं पहनाना चाहिए। यानी बात फिर वहीं आती है—रत्न चाहे कोमल ही क्यों न हो, विवेक फिर भी जरूरी है।

अब अगर इसे एकदम साधारण जीवन की भाषा में कहें, तो किन लोगों को मोती आकर्षित कर सकता है? ऐसे लोग जो जल्दी आहत हो जाते हैं। ऐसे लोग जिनका मूड बहुत बदलता रहता है। ऐसे लोग जिन्हें घर-परिवार की बातें बहुत गहराई से छूती हैं। ऐसे लोग जो बाहर से मजबूत दिखते हैं, लेकिन भीतर से नाज़ुक होते हैं। ऐसे लोग जिन्हें बार-बार बेचैनी, घबराहट, असुरक्षा या भावनात्मक थकान घेरती है। ऐसे लोगों के लिए मोती की पूरी छवि बहुत स्वाभाविक लगती है। उन्हें उसमें

एक ऐसा रत्न दिखाई देता है जो उन्हें "ज़्यादा बनाने" नहीं, "संतुलित करने" की बात करता है।

मोती की चर्चा स्त्रियों के संदर्भ में बहुत होती है, लेकिन यह केवल स्त्रियों का रत्न नहीं है। यह सही है कि उसकी कोमलता, शालीनता और सफेद चमक स्त्री-आभूषणों में बहुत प्रिय रही है, लेकिन पुरुषों ने भी मोती धारण किया है और करते हैं। विशेष रूप से वे लोग जो मानसिक तनाव, भावनात्मक अस्थिरता या चंद्र-संबंधी कारणों के चलते इसका उपयोग करते हैं। वस्तुतः मन, शांति और भावनाएँ किसी एक लिंग की चीज़ नहीं हैं। इसलिए मोती भी किसी एक वर्ग तक सीमित नहीं होना चाहिए।

मोती का एक आध्यात्मिक पक्ष भी है। कई लोग इसे पवित्रता और भीतर की सफाई का प्रतीक मानते हैं। उसका सफेद, निर्मल रूप मन में यह भाव जगाता है कि जीवन में कुछ चीज़ें बाहरी उपलब्धि से बड़ी होती हैं–जैसे मन की शांति, संतोष, नींद, अपनापन और भावनात्मक स्वच्छता। माणिक्य हमें बाहर की दुनिया में खड़े होने का साहस देता हुआ प्रतीत होता है, जबकि मोती भीतर की दुनिया में लौटने का निमंत्रण देता है। इसलिए रत्नों की परंपरा में यह संतुलन सुंदर लगता है। एक रत्न हमें जगाता है, दूसरा हमें थामता है।

धारण-विधि की बात करें तो परंपरा में मोती को सामान्यतः चाँदी में धारण करना अच्छा माना गया है। चाँदी और चंद्रमा का संबंध पुराने समय से माना जाता रहा है। सफेद धातु, ठंडा स्वभाव, और मोती की कोमल चमक–ये सब मिलकर एक स्वाभाविक मेल बनाते हैं। इसे प्रायः कनिष्ठा उँगली में पहनने की सलाह दी जाती है, हालांकि कुछ मतों में अन्य विकल्प भी मिलते हैं। सोमवार का दिन, विशेषकर शुक्ल पक्ष का सोमवार, और सुबह का समय शुभ माना जाता है। बहुत से लोग इसे धारण करने से पहले कच्चे दूध, गंगाजल या साफ जल से शुद्ध करते हैं, फिर चंद्रमा को स्मरण करके या चंद्र मंत्र बोलकर पहनते हैं।

आम रूप से लोग "ॐ सोमाय नमः" या "ॐ चंद्राय नमः" जैसे सरल मंत्रों के साथ भी मोती धारण करते हैं। यहाँ भी मूल बात वही है–रत्न धारण केवल पहनने की क्रिया नहीं, मानसिक तैयारी भी है। यदि व्यक्ति

भीतर से शांति चाहता है, तो वह उस भाव से मोती को धारण करता है। यही भाव कई बार रत्न और धारक के बीच एक प्रकार का निजी संबंध बना देता है। कुछ लोग सचमुच कहते हैं कि उन्हें अपना मोती सिर्फ गहना नहीं, साथी-सा लगता है। यह बात सुनने में भावुक लगे, पर मानव जीवन में वस्तुओं के साथ ऐसे संबंध बनते हैं।

मोती के साथ एक दिलचस्प बात यह भी है कि यह अक्सर बहुत महंगे रत्नों की श्रेणी में नहीं माना जाता, कम-से-कम सामान्य गुणवत्ता के स्तर पर। इसलिए बहुत से लोग इसे अपेक्षाकृत सहज रूप से उपलब्ध पाते हैं। लेकिन यहीं बाजार की चालाकी भी ज्यादा दिखाई देती है, क्योंकि नकली मोती बहुत आसानी से चल जाते हैं। कोई चमकीला सफेद मोती देखकर खरीद लेता है, पर बाद में पता चलता है कि वह केवल सजावटी वस्तु थी। इसलिए मोती लेते समय यह समझना ज़रूरी है कि आप ज्योतिषीय उपयोग के लिए खरीद रहे हैं, आभूषण के लिए, या केवल शौक के लिए। तीनों ही उद्देश्य ठीक हैं, लेकिन स्पष्टता जरूरी है।

मोती को लेकर कुछ मिथक भी चलते हैं। कोई कहता है कि इससे व्यक्ति बहुत भावुक हो जाता है। कोई कहता है कि यह सिर्फ महिलाओं के लिए है। कोई कहता है कि इसे पहनते ही मन शांत हो जाता है। सच्चाई हमेशा बीच में होती है। मोती की प्रकृति शांत मानी गई है, पर वह किसी व्यक्ति के पूरे स्वभाव को अकेले तय नहीं करता। यदि व्यक्ति का जीवन बहुत तनावपूर्ण है, नींद खराब है, खान-पान अस्त-व्यस्त है, और रिश्ते उलझे हुए हैं, तो केवल मोती से सब नहीं सुधर जाएगा। लेकिन यदि वह अपनी जीवनशैली और भावनात्मक आदतों के साथ भी काम कर रहा है, तो मोती उसके लिए एक अच्छा प्रतीक और सहायक साधन हो सकता है।

कई बार मोती छोटे बच्चों के लिए भी सुझाया जाता है, खासकर जब वे बहुत रोते हों, बेचैन हों या संवेदनशील स्वभाव के हों। यह लोकजीवन में बहुत आम बात है। इसी तरह कई माताएँ अपने बच्चों को चाँदी के साथ मोती पहनाने में एक मानसिक सुकून महसूस करती हैं। यहाँ फिर वही बात है–यह परंपरा, विश्वास और अनुभव का मिश्रण है। इसे न बहुत बढ़ा-चढ़ाकर देखना चाहिए, न एकदम हल्के में। भारतीय परिवारों की भावनात्मक दुनिया में मोती की जगह बहुत पुरानी है।

मोती का सौंदर्य यह भी है कि वह दिखावे से दूर है। हीरे की तरह चमकदार नहीं, माणिक्य की तरह उग्र नहीं, पन्ना की तरह बौद्धिक नहीं, नीलम की तरह गंभीर नहीं—वह अपने ढंग का है। वह कहता नहीं, महसूस होता है। इसी कारण बहुत लोग जो शोरगुल वाली चीज़ें पसंद नहीं करते, उन्हें मोती बहुत भाता है। उसमें एक ऐसी शालीनता है जो उम्र के साथ और अच्छी लगती है। दादी के गले का मोतियों का हार हो, माँ के कानों की मोती वाली बालियाँ हों, या किसी पुरुष की छोटी-सी मोती अंगूठी—इन सबमें एक सधी हुई गरिमा दिखाई देती है।

अगर मोती को एक मानवीय भाषा में समझें, तो वह जैसे कहता है—"धीरे चलो, अपने मन को सुनो।" आज की दुनिया में जहाँ हर व्यक्ति जल्दी में है, मन पर दबाव है, नींद कम है, भावनाएँ थकी हुई हैं, वहाँ मोती की पूरी परंपरा बहुत अर्थपूर्ण लगती है। वह सफलता की दौड़ में नहीं, भावनात्मक संतुलन की तरफ इशारा करता है। यह बात उसे आधुनिक समय में भी प्रासंगिक बनाती है। बहुत-से लोग जो ग्रहों की तकनीकी बातों में न भी जाएँ, वे भी मोती की ओर सिर्फ इसलिए खिंचते हैं क्योंकि उन्हें जीवन में थोड़ी शांति चाहिए।

पूरी चर्चा का निष्कर्ष यही बनता है कि मोती केवल चंद्रमा का रत्न नहीं, मन की भाषा का रत्न है। इसमें समुद्र की गहराई भी है, माँ की कोमलता भी, चंद्रमा की शीतलता भी और जीवन की थकान पर रखी जा सकने वाली एक नरम हथेली जैसा भाव भी। इसी वजह से यह रत्न भारतीय जीवन में इतने लंबे समय से प्रिय बना हुआ है। लेकिन इसके साथ भी वही नियम लागू होता है—समझ, उद्देश्य और संतुलन। मोती को श्रद्धा से धारण किया जा सकता है, शौक से पहना जा सकता है, पर बिना समझे नहीं।

अब मोती के बाद हम ऐसे रत्न की ओर बढ़ेंगे जो बिलकुल अलग तरह की ऊर्जा लिए होता है। जहाँ मोती मन को शांत करता हुआ दिखाई देता है, वहीं अगला रत्न साहस, रक्त, जोश, कार्रवाई और संघर्ष-शक्ति की बात करता है। वह है मूंगा—मंगल का रत्न।

***

अध्याय 7

मूंगा

मूंगा सामने आते ही भाषा बदल जाती है। जहाँ मोती मन को धीमा करता है, वहीं मूंगा भीतर की सुप्त ऊर्जा को जगाने वाला रत्न लगता है। उसके साथ साहस, तत्परता और जोखिम उठाने की तैयारी का भाव बहुत स्वाभाविक रूप से जुड़ जाता है।

आम बोलचाल में इसे "मूंगा" कहा जाता है, और अंग्रेज़ी में इसे कोरल कहा जाता है। यह भी बाकी कई रत्नों की तरह धरती के भीतर बनने वाला खनिज नहीं है। इसका संबंध समुद्र से है और इसकी उत्पत्ति भी जीवित समुद्री संरचनाओं से जुड़ी हुई मानी जाती है। यही बात इसे एक अलग पहचान देती है। समुद्र की गहराइयों से आने वाला यह रत्न बाहर से ठोस और लाल दिखाई देता है, लेकिन उसकी कहानी बहुत रोचक है। शायद इसी वजह से मूंगे को लेकर हमेशा एक खास आकर्षण बना रहा। यह केवल रंग के कारण नहीं, बल्कि स्वभाव के कारण भी लोगों को अलग लगता है।

भारतीय ज्योतिष में मूंगे को मंगल ग्रह का रत्न माना गया है। और मंगल का नाम आते ही मन में कुछ शब्द अपने आप आते हैं–साहस, शक्ति, जोश, रक्त, संघर्ष, भूमि, सुरक्षा, क्रोध, कार्रवाई, जोखिम, वीरता। मंगल ऐसा ग्रह माना गया है जो ठहरकर सोचने से पहले आगे बढ़ने की ऊर्जा देता है। उसमें निर्णय है, हमला है, रक्षा है, और कभी-कभी लड़ जाने की प्रवृत्ति भी है। इसलिए मूंगे को भी ऐसे रत्न के रूप में देखा गया जो व्यक्ति के भीतर सोई हुई हिम्मत, जीवट, सक्रियता और प्रतिरोध-शक्ति को जगाने में सहायक हो सकता है।

अब इसे जीवन की भाषा में समझें तो बात और साफ होगी। हर व्यक्ति को जीवन में कभी न कभी ऐसी स्थिति का सामना करना पड़ता है जहाँ केवल समझ या शांति काफी नहीं होती। वहाँ हिम्मत चाहिए। कोई कठिन फैसला लेना हो, अपने अधिकार के लिए खड़ा होना हो, डर के बावजूद कदम बढ़ाना हो, लंबे समय से खिंचते काम को शुरू करना हो, या भीतर की सुस्ती और डर से बाहर निकलना हो—इन सब जगहों पर मूंगे की चर्चा सामने आती है। यही वजह है कि इसे कई लोग "एक्शन" का रत्न मानते हैं। यह बैठकर इंतज़ार करने की नहीं, उठकर करने की ऊर्जा से जोड़ा गया है।

मूंगे का रंग भी उसके पूरे अर्थ को और मजबूत करता है। परंपरागत रूप से लाल मूंगा सबसे अधिक प्रसिद्ध है। कहीं यह हल्का लाल होता है, कहीं सिंदूरी, कहीं गहरा लाल, और कभी-कभी नारंगी आभा लिए भी मिलता है। यह रंग अपने आप में जीवन, रक्त, उष्णता और सक्रियता की याद दिलाता है। हम पहले भी देख चुके हैं कि रंगों का असर मन पर पड़ता है। लाल रंग सामान्यतः शांत बैठने का नहीं, सक्रिय होने का संकेत देता है। यही बात मूंगे के साथ बहुत स्वाभाविक लगती है। इसे देखने भर से उसमें एक तरह की गरमाहट और जीवंतता महसूस होती है।

मूंगे को लेकर एक बड़ी धारणा यह रही है कि यह कमजोर साहस वाले व्यक्ति को बल देता है। अब "कमजोर साहस" का अर्थ कई तरह से हो सकता है। कोई व्यक्ति शारीरिक रूप से कमजोर नहीं है, पर किसी भी टकराव से डरता है। कोई हमेशा निर्णय टालता रहता है। कोई बहुत अच्छे विचार रखता है, पर उन्हें अमल में नहीं ला पाता। कोई जल्दी घबरा जाता है। कोई अपने बचाव में बोल नहीं पाता। कोई छोटी रुकावट में ही पीछे हट जाता है। ऐसे स्वभावों को परंपरागत भाषा में मंगल की कमजोरी या असंतुलन से जोड़ा गया। और यहीं मूंगे की सलाह दी गई।

लेकिन यहाँ भी वही पुरानी और जरूरी बात याद रखनी चाहिए—मूंगा कोई जादुई डंडा नहीं है। यह पहनते ही कोई व्यक्ति योद्धा नहीं बन जाता। हाँ, यह जरूर है कि मंगल से जुड़े प्रतीक के रूप में मूंगा व्यक्ति को अपने भीतर की ताकत की याद दिला सकता है। कई लोग इसे धारण करने के बाद अपने भीतर थोड़ी स्पष्टता, कुछ सक्रियता, थोड़ा साहस या एक किस्म की मानसिक दृढ़ता महसूस करने की बात करते हैं। अब

इस अनुभव में रत्न की भूमिका कितनी है, व्यक्ति की मानसिक तैयारी कितनी है, और जीवन की बाकी परिस्थितियाँ कितनी–यह अलग बात है। लेकिन इतना तय है कि मूंगा अपनी पूरी परंपरा में "ताकत" के साथ जुड़ा हुआ रत्न है।

भारतीय घरों में मूंगे का नाम सुनते ही अक्सर दो तरह की बातें साथ आती हैं। एक, यह मंगल का रत्न है और हिम्मत बढ़ाता है। दूसरी, इसे पहनने से पहले सोच लेना चाहिए। कारण साफ है। मंगल को शांत, कोमल, धीमा ग्रह नहीं माना गया। उसमें ऊर्जा है, पर वह ऊर्जा कभी-कभी उग्र भी हो सकती है। इसलिए मूंगे को हर किसी के लिए हर समय उपयुक्त नहीं माना गया। यह वही रत्न है जिसके बारे में समझदार लोग कहते हैं कि सही व्यक्ति को बहुत सहारा दे सकता है, लेकिन गलत व्यक्ति को बिना सोचे पहनाना ठीक नहीं। यानी यह रत्न उतना ही उपयोगी हो सकता है, जितना विवेकपूर्ण।

मंगल का संबंध केवल साहस से नहीं, बल्कि क्रोध से भी जोड़ा जाता है। इसलिए एक बड़ा सवाल यह उठता है कि क्या मूंगा पहनने से व्यक्ति गुस्सैल हो सकता है। इस पर लोगों में अलग-अलग अनुभव और धारणाएँ मिलती हैं। कुछ का कहना है कि यदि किसी की कुंडली या प्रकृति में पहले से बहुत आक्रामकता हो, तो मूंगा उसे और तेज कर सकता है। कुछ लोग कहते हैं कि सही व्यक्ति को पहनाया जाए तो यह क्रोध नहीं, साहस देता है। बात शायद यही है कि हर ऊर्जा का सही और गलत उपयोग होता है। आग भोजन भी पकाती है और घर भी जला सकती है। मंगल की ऊर्जा भी वैसी ही है। यदि व्यक्ति डरपोक, निष्क्रिय और कमजोर मन वाला है, तो वही ऊर्जा उसे खड़ा कर सकती है। और यदि व्यक्ति पहले से ही अत्यधिक झगड़ालू, आवेगी और असंयमी है, तो उसी ऊर्जा का असर अलग हो सकता है।

इसलिए मूंगे को सिर्फ "शक्ति का रत्न" कहकर छोड़ देना अधूरा होगा। अधिक सही यह है कि यह "दिशा वाली शक्ति" का रत्न होना चाहिए। यानी ताकत मिले, पर संयम के साथ। साहस आए, पर बिना सोचे लड़ाई करने वाला स्वभाव न बने। आत्मरक्षा का भाव आए, पर आक्रामक अहंकार न बढ़े। यही वजह है कि मंगल की अच्छी अभिव्यक्ति केवल लड़ना नहीं, बल्कि अनुशासित साहस माना जाता है। सैनिक का

साहस, खिलाड़ी का जोश, सर्जन की सटीकता, पुलिसकर्मी की तत्परता, इंजीनियर की कार्यक्षमता, और संकट में शांत रहकर आगे बढ़ने वाला मन–ये सब मंगल की स्वस्थ अभिव्यक्तियाँ मानी जा सकती हैं। मूंगे का आदर्श प्रभाव भी इन्हीं के करीब समझना चाहिए।

मूंगा बहुत बार उन लोगों के लिए भी सुझाया जाता है जो जीवन में बहुत अधिक टालमटोल करते हैं। ऐसे लोग कमी समझ की वजह से नहीं, बल्कि कमी धक्का देने वाली ऊर्जा की वजह से पीछे रह जाते हैं। वे काम जानते हैं, अवसर पहचानते हैं, लेकिन शुरुआत नहीं कर पाते। उनमें "कभी न कभी करूँगा" वाला भाव बहुत होता है। ऐसे लोगों के लिए मूंगा केवल ज्योतिषीय उपाय नहीं, एक आंतरिक संकेत भी बन सकता है–अब रुको मत, शुरू करो। यह बात विशेष रूप से उन लोगों पर लागू होती है जिनके भीतर डर और सुस्ती साथ-साथ बैठी होती है।

मंगल का संबंध भूमि, संपत्ति, शारीरिक ऊर्जा और भाइयों से भी जोड़ा गया है। इसीलिए कई पारंपरिक मतों में भूमि विवाद, संपत्ति संबंधी साहस, तकनीकी कार्य, मशीनरी, पुलिस, सेना, खेल, शल्य-चिकित्सा, इंजीनियरिंग, निर्माण और संघर्षपूर्ण पेशों के साथ मंगल को जोड़ा गया। ऐसे क्षेत्रों में काम करने वाले लोग कभी-कभी मूंगे की तरफ स्वाभाविक रूप से आकर्षित भी होते हैं। उन्हें इसमें एक ऐसा रत्न दिखाई देता है जो उनकी कार्य-ऊर्जा के अनुकूल है। हालाँकि यह केवल पेशे से तय नहीं होता, लेकिन यह बात रोचक जरूर है कि मंगल प्रधान कामों और मूंगे के बीच एक प्रतीकात्मक मेल दिखाई देता है।

अब इसके भौतिक रूप पर थोड़ा व्यवस्थित ढंग से बात करें। मूंगा, जैसा कि कहा, समुद्री स्रोत से जुड़ा है। रत्न के रूप में इसके लिए सामान्यतः चिकनी, चमकदार, बिना दाग-धब्बों वाली, सघन और सुंदर सतह वाले टुकड़े पसंद किए जाते हैं। बहुत-से मूंगे बेलनाकार या शाखानुमा प्राकृतिक रूप में पाए जाते हैं, जिन्हें बाद में काटकर, घिसकर और चमकाकर आभूषणों में जड़ा जाता है। अच्छा मूंगा देखने में ठोस, रंग में संतुलित और सतह में जीवंत लगता है। बहुत हल्का, फीका, जगह-जगह धब्बेदार या बनावटी रूप से चमकदार मूंगा संदेह पैदा कर सकता है।

बाजार में मूंगे के नाम पर बहुत भ्रम है। प्लास्टिक, काँच, बांस-मूंगा, रंगे हुए पत्थर, और नकली सामग्री को भी मूंगा बताकर बेचा जाता है। खासकर जब कोई ग्राहक ज्योतिषीय उपयोग के लिए मूंगा ढूँढ़ रहा हो, तब उसे जल्दी से "इटैलियन मूंगा", "जापानी मूंगा", "असली लाल मूंगा" जैसे नाम सुनने को मिलते हैं। इन शब्दों में कुछ का बाजार में प्रचलित अर्थ होता है, पर हर नाम सचाई की गारंटी नहीं है। इसलिए मूंगा लेते समय केवल नाम या विक्रेता की बात पर भरोसा नहीं करना चाहिए। विश्वसनीय स्रोत, सही सलाह और जहाँ संभव हो, प्रमाणिकता की जांच आवश्यक है।

मूंगे के बारे में एक दिलचस्प लोकधारणा यह भी है कि यह नज़र, भय, दुर्घटना या बाहरी विपरीत प्रभावों से रक्षा करता है। विशेषकर बच्चों के हाथ में लाल धागे या छोटे मूंगे के टुकड़े पहनाने की परंपरा कुछ जगहों पर मिलती है। अब इसे शाब्दिक रूप से सिद्ध करना मुश्किल है, लेकिन यह बात जरूर बताती है कि मूंगे को केवल ज्योतिषीय रत्न नहीं, रक्षात्मक प्रतीक भी माना गया। लाल रंग खुद भी कई संस्कृतियों में सुरक्षा और शक्ति का प्रतीक रहा है। इसलिए मूंगे का यह उपयोग सांस्कृतिक रूप से समझ में आता है।

मूंगे का एक और पक्ष है–शरीर और ऊर्जा से जुड़ी मान्यताएँ। लोकमानस में इसे रक्त, साहस, शारीरिक बल और सक्रियता से जोड़ा गया। कुछ लोग मानते हैं कि यह सुस्ती कम करता है, कुछ कहते हैं कि यह कमजोरी या डर के भाव को संभालता है। पर यहाँ यह बात फिर से स्पष्ट कर देना जरूरी है कि इन धारणाओं को चिकित्सा का विकल्प नहीं समझना चाहिए। यदि किसी को रक्त, हृदय, दबाव, मानसिक तनाव या कोई भी स्वास्थ्य समस्या है, तो उसका इलाज डॉक्टर से ही होगा। रत्न अधिक से अधिक सहायक प्रतीक या पारंपरिक उपाय हो सकते हैं।

अब ज़रा बात करते हैं कि मूंगा किन लोगों के लिए विशेष रूप से उपयोगी माना जाता है। ऐसे लोग जो बहुत जल्दी डर जाते हैं। ऐसे लोग जिन्हें जीवन में बार-बार अपने बचाव के लिए खड़ा होना पड़ता है। ऐसे लोग जो थकान या ढील में डूबे रहते हैं। ऐसे लोग जिन्हें निर्णय में देर लगती है। ऐसे लोग जो किसी काम को शुरू करने से पहले ही हार मान लेते हैं। ऐसे लोग जिन्हें हमेशा कोई धक्का चाहिए। मूंगे की पूरी परंपरा

इन स्थितियों के बहुत करीब बैठती है। यह रत्न जैसे कहता है—थोड़ा सीना सीधा करो, डर से आगे बढ़ो, अपनी जगह लो।

लेकिन दूसरी तरफ ऐसे लोग भी हैं जिनके लिए मूंगे को लेकर सावधानी कही जाती है। जो पहले से बहुत चिड़चिड़े हों, हर बात पर लड़ने को तैयार रहते हों, आवेग में फैसले लेते हों, या जिनमें पहले से अत्यधिक गर्मी और असंतुलित क्रोध हो—उन्हें बिना समझे मूंगा पहनना ठीक नहीं माना गया। इससे समझ में आता है कि मूंगा उन रत्नों में गिना जाता है जिन्हें "सूट" भी बहुत अच्छा कर सकता है और "गलत" भी बैठ सकता है। इसलिए केवल यह सुनकर कि मंगल का रत्न शक्तिशाली है, उसे तुरंत धारण कर लेना उचित नहीं।

धारण-विधि की बात करें तो परंपरा में मूंगे को सामान्यतः सोने या तांबे में धारण करना अच्छा माना गया है। कुछ लोग इसे चाँदी में भी जड़वाते हैं, लेकिन मंगल की प्रकृति को देखते हुए सोना और तांबा अधिक पारंपरिक मेल माने गए। इसे प्रायः अनामिका या कभी-कभी तर्जनी में पहनने की चर्चा मिलती है, लेकिन यह मतभेदों वाला क्षेत्र भी है, इसलिए व्यक्तिगत सलाह अधिक महत्वपूर्ण हो जाती है। मंगलवार का दिन, सुबह का समय, और मंगल स्मरण के साथ धारण करना परंपरागत रूप से शुभ माना गया है।

बहुत-से लोग इसे पहनने से पहले गंगाजल, शहद, दूध या तुलसी-जल से शुद्ध करते हैं। फिर "ॐ क्रां क्रीं क्रौं सः भौमाय नमः" या सरल रूप में "ॐ मंगलाय नमः" जैसे मंत्रों के साथ धारण करते हैं। अब कोई व्यक्ति लंबा मंत्र बोले या छोटा, यह उसकी सुविधा पर है। मुख्य बात यह है कि वह रत्न को जल्दबाजी में नहीं, संकल्प के साथ पहने। यदि उद्देश्य साहस, सुरक्षा और सक्रियता है, तो धारण करते समय मन भी उसी दिशा में होना चाहिए। यही धारण-विधि का असली मनोवैज्ञानिक और पारंपरिक अर्थ है।

मूंगे के साथ एक व्यावहारिक बात और जुड़ी है—बहुत से लोग इसे फैशन के रूप में भी पहनते हैं। लाल मूंगे की मालाएँ, अंगूठियाँ, कंगन और पेंडेंट काफी लोकप्रिय रहे हैं। आभूषण के रूप में भी यह सुंदर लगता है, खासकर सोने के साथ। पर यहाँ फिर वही भेद समझना ज़रूरी है—

सौंदर्य के लिए पहनना अलग बात है, और ज्योतिषीय उपाय की तरह पहनना अलग। यदि कोई केवल सुंदरता के लिए पहन रहा है, तो बात सरल है। लेकिन यदि वह इसे ग्रह-संबंधी अपेक्षा के साथ पहन रहा है, तो गुणवत्ता, धातु, वजन और उपयुक्तता की बात महत्वपूर्ण हो जाती है।

मूंगा कई बार बच्चों और युवाओं के संदर्भ में भी सामने आता है। जिन बच्चों में आत्मविश्वास कम हो, डर ज़्यादा हो, या बहुत कमजोरी महसूस होती हो, उनके लिए कभी-कभी बड़े-बुजुर्ग मूंगे की बात करते हैं। युवा अवस्था में भी जब व्यक्ति अपने जीवन की दिशा खोज रहा होता है, प्रतियोगिता में उतर रहा होता है, और दुनिया से लड़ने की जरूरत महसूस करता है, तब मंगल प्रधान प्रतीकों की ओर आकर्षण बढ़ना स्वाभाविक है। इसलिए मूंगे को केवल बुजुर्गों का उपाय समझना ठीक नहीं। यह रत्न जीवन के उस हिस्से से जुड़ा है जहाँ कार्रवाई की जरूरत हो।

मूंगे के बारे में कुछ मिथक भी खूब चलते हैं। कोई कहता है इसे पहनते ही झगड़े बढ़ जाते हैं। कोई कहता है कि इससे तुरंत नौकरी मिलती है। कोई मानता है कि यह कोर्ट-कचहरी में जीत दिला देता है। कोई कहता है कि इसे पहनने वाला बहुत बहादुर हो जाता है। सच्चाई, हमेशा की तरह, इन अतियों के बीच में होती है। मूंगा साहस का प्रतीक जरूर है, लेकिन साहस और परिणाम एक ही बात नहीं। यदि कोई व्यक्ति अन्याय के खिलाफ खड़ा होने की ताकत पा ले, तो यह भी एक बड़ी बात है। जीत हमेशा बाहर नहीं, कई बार भीतर से शुरू होती है।

अगर मूंगे को एक मानवीय वाक्य में समझें, तो वह जैसे कहता है–"डर के कारण मत रुको।" बहुत-से लोग प्रतिभा से नहीं, डर से हारते हैं। बहुत-से लोग परिस्थितियों से नहीं, अपने ही संकोच से पीछे रह जाते हैं। बहुत-से लोग सही बात जानते हुए भी उसे कह नहीं पाते। मूंगे की पूरी परंपरा ऐसे लोगों को भीतर की आग की याद दिलाती है। लेकिन साथ ही यह भी सिखाती है कि आग को चूल्हे की तरह उपयोगी रखना है, जंगल की आग नहीं बनने देना।

समग्र रूप से देखें तो मूंगा भारतीय रत्न परंपरा का एक अत्यंत जीवंत, सक्रिय और शक्तिशाली प्रतीक है। यह केवल लाल रंग का सुंदर

पत्थर नहीं, बल्कि साहस, रक्षा, क्रिया, निर्णय और प्रतिरोध-शक्ति का रत्न माना गया। इसके साथ आकर्षण भी है और सावधानी भी। यह सही व्यक्ति के लिए बहुत सहायक प्रतीक बन सकता है, लेकिन इसे बिना समझे धारण करना उचित नहीं। मूंगे की असली सुंदरता केवल उसके रंग में नहीं, उसके संदेश में है–जीवन के मैदान से भागो मत, उसमें उतरने की तैयारी करो।

अब मूंगे के बाद हम ऐसे रत्न की ओर बढ़ेंगे जिसका स्वभाव इससे बिलकुल अलग है। जहाँ मूंगा साहस और कार्रवाई की बात करता है, वहीं अगला रत्न बुद्धि, वाणी, व्यापार, समझ, गणना और मानसिक चपलता से जुड़ा है। वह है पन्ना–बुध का रत्न।

***

अध्याय 8

पन्ना

पन्ने में जो हरियाली है, वह केवल रंग नहीं, एक मानसिक प्रभाव भी है। उसे देखते ही मन में ताजगी, व्यवस्था और विचार की स्वच्छता का भाव आता है। शायद इसी कारण बुध और पन्ने का संबंध सदियों से इतना स्वाभाविक माना गया।

पन्ने का नाम आते ही सबसे पहले उसका रंग याद आता है। हरा रंग। लेकिन यह भी कोई साधारण हरा नहीं होता। कभी इसमें कोमल हरियाली होती है, कभी गहरी वन जैसी छाया, कभी काँच जैसी साफ चमक, और कभी हल्की धुंध के भीतर छिपी हुई हरित आभा। अच्छे पन्ने में एक खास तरह की जीवंतता होती है। उसे देखकर ऐसा लगता है जैसे बारिश के बाद पत्तों पर जो ताजगी आती है, वही किसी रत्न में जम गई हो। शायद यही वजह है कि पन्ने को देखते ही मन में ठहराव और ताजगी साथ-साथ पैदा होती है।

भारतीय ज्योतिष में पन्ने को बुध ग्रह का रत्न माना गया है। और बुध का नाम लेते ही जो बातें सामने आती हैं, वे हैं–बुद्धि, वाणी, लेखन, स्मरण शक्ति, व्यापार, हिसाब-किताब, संवाद, चतुराई, सीखने की क्षमता, भाषा पर पकड़ और परिस्थिति को समझकर प्रतिक्रिया देने की कला। बुध कोई भारी, गंभीर, धीमा ग्रह नहीं माना गया; उसमें फुर्ती है, सीखने की क्षमता है, और एक प्रकार की मानसिक लचक है। यही वजह है कि पन्ने को भी ऐसे रत्न के रूप में देखा गया जो मानसिक स्पष्टता, व्यावहारिक समझ और अभिव्यक्ति को मजबूत करने में सहायक हो सकता है।

अगर इसे रोजमर्रा की भाषा में समझें, तो पन्ना उन लोगों का रत्न लगता है जिनका काम दिमाग, भाषा, विश्लेषण, संवाद या व्यापार से जुड़ा हो। जैसे शिक्षक, लेखक, विद्यार्थी, वकील, व्यापारी, सलाहकार, अकाउंट संभालने वाले लोग, वक्ता, पत्रकार, संचार से जुड़े लोग, या ऐसे लोग जिन्हें हर समय सोचकर बोलना और समझकर काम करना पड़ता है। पर इतना कहना काफी नहीं होगा। पन्ना केवल पेशे का रत्न नहीं है। यह उन सभी लोगों के लिए आकर्षक हो सकता है जो अपने जीवन में मानसिक उलझन, निर्णय की धुंध, बात कहने में कठिनाई, ध्यान की कमी या बिखरी हुई सोच का सामना कर रहे हों।

बहुत-से लोग ऐसे होते हैं जो बुरे नहीं होते, कमज़ोर भी नहीं होते, पर उनका मन बहुत बिखरा हुआ चलता है। वे एक काम शुरू करते हैं, फिर दूसरा सोचने लगते हैं। बात करना चाहते हैं, पर सही शब्द नहीं मिलते। किसी मीटिंग में जाते हैं, तो बाद में सोचते रह जाते हैं कि उन्हें क्या कहना चाहिए था। पढ़ते हैं, पर याद नहीं रहता। व्यापार करते हैं, पर बार-बार गलत आकलन कर बैठते हैं। रिश्तों में भी कई बार समस्या समझ की कमी से नहीं, संवाद की कमी से होती है। ऐसे स्वभाव और परिस्थितियों के साथ पन्ने की परंपरा बहुत स्वाभाविक रूप से जुड़ती है।

पन्ना एक तरह से "मानसिक व्यवस्था" का रत्न लगता है। यह बात बहुत सुंदर है, क्योंकि जीवन में केवल साहस या शांति ही काफी नहीं। समझ भी चाहिए। कई लोग बहादुर होते हैं, पर समझदारी कम होने से बार-बार नुकसान उठाते हैं। कई लोग भावुक होते हैं, पर बात ठीक से न कह पाने के कारण रिश्ते बिगाड़ लेते हैं। कई लोग मेहनती होते हैं, पर गणना की कमी से आगे नहीं बढ़ पाते। कई लोगों के पास ज्ञान होता है, पर अभिव्यक्ति कमज़ोर होती है। पन्ने की पूरी परंपरा ऐसे ही क्षेत्रों से जुड़ी है—जहाँ मन को तेज नहीं, साफ करना हो; जहाँ बुद्धि को भारी नहीं, चुस्त बनाना हो।

बुध ग्रह का संबंध वाणी से भी जोड़ा गया है, और यही पन्ने का एक बहुत महत्त्वपूर्ण पक्ष है। कुछ लोग बहुत कुछ जानते हैं, पर बोलते समय उलझ जाते हैं। कुछ लोग अपनी बात साफ नहीं रख पाते। कुछ के शब्द अच्छे होते हैं, पर समय सही नहीं चुनते। कुछ जल्दी-जल्दी बोलते हैं और बात का असर घट जाता है। कुछ को सार्वजनिक रूप से बोलने

में डर लगता है। कुछ को बातचीत में संयम नहीं रहता। ऐसे लोगों के लिए पन्ने की चर्चा बहुत बार सामने आती है। परंपरा में इसे वाणी को मधुर, व्यवस्थित और प्रभावी बनाने वाला रत्न भी माना गया। अब यह बात शाब्दिक चमत्कार की तरह नहीं समझनी चाहिए, लेकिन पन्ने की पूरी छवि संवाद और अभिव्यक्ति के साथ बहुत गहराई से जुड़ी है।

यहाँ एक बात और ध्यान देने योग्य है। बुध केवल भाषा नहीं, समझ का ग्रह भी है। यानी सामने वाले की बात पकड़ना, समय को पढ़ना, संकेत समझना, परिस्थिति के अनुसार ढलना, और मूर्खतापूर्ण जल्दबाज़ी से बचना—ये सब बुध के क्षेत्र में आते हैं। ऐसे में व्यापार में बुध को बहुत महत्त्व दिया गया। व्यापार केवल पूँजी से नहीं चलता, समझ से चलता है। क्या खरीदना है, कब खरीदना है, किससे बात करनी है, कहाँ रुकना है, कहाँ आगे बढ़ना है—इन सबके लिए दिमाग की ताजगी चाहिए। पन्ने को इस ताजगी का रत्न माना गया।

अगर माणिक्य में सूर्य की गरिमा है, मोती में चंद्रमा की कोमलता, और मूंगे में मंगल की सक्रियता, तो पन्ने में बुध की चपलता है। यह चपलता नकारात्मक अर्थ में चालाकी नहीं, बल्कि सकारात्मक अर्थ में समझदारी है। जीवन में हर समय बल से काम नहीं चलता। कई जगह सही शब्द, सही समय, सही प्रतिक्रिया और सही गणना ज़्यादा काम करती है। पन्ना हमें उसी कला की याद दिलाता है। इसलिए यह रत्न एक तरह से व्यावहारिक बुद्धि का प्रतीक है।

अब पन्ने के भौतिक पक्ष की बात करें। पन्ना एक खनिज रत्न है और अपनी सुंदरता के साथ-साथ अपनी नाज़ुकियों के लिए भी जाना जाता है। बहुत-से अच्छे पन्नों में भीतर प्राकृतिक रेखाएँ, धागे या आंतरिक संरचनात्मक निशान होते हैं। इन्हें बहुत लोग दोष समझते हैं, लेकिन पन्ने की दुनिया में यह कई बार उसकी प्राकृतिकता का हिस्सा भी माने जाते हैं। बिल्कुल एकदम साफ, बिना किसी अंदरूनी चिह्न वाला पत्थर बहुत महंगा हो सकता है या फिर कई बार संदेह भी पैदा कर सकता है। अच्छे पन्ने में रंग, जीवन, पारदर्शिता और संतुलन देखा जाता है।

बाजार में पन्ना एक ऐसा रत्न है जिसके नाम पर बहुत भ्रम फैलता है। हरे रंग के कई पत्थरों को पन्ना कह दिया जाता है। काँच, सिंथेटिक

पत्थर, डबल्ट, ट्रिपलेट, या अन्य हरे खनिज भी अनजान ग्राहक को पन्ना बताकर बेचे जा सकते हैं। कई पन्नों में तेल या अन्य पदार्थ भरकर उनकी सतह और रूप को सुधारा जाता है। इसलिए पन्ना खरीदते समय केवल रंग देखकर खुश हो जाना ठीक नहीं। उसका स्रोत, प्राकृतिकता, उपचार, गुणवत्ता और विक्रेता की विश्वसनीयता सब पर ध्यान देना पड़ता है। खासकर जब कोई इसे ज्योतिषीय उपयोग के लिए ले रहा हो।

अच्छे पन्ने के लिए आमतौर पर यह देखा जाता है कि उसका रंग न बहुत फीका हो, न इतना गहरा कि काला-सा लगने लगे। उसमें हरियाली हो, पर सुस्ती न हो। उसे देखकर ताजगी महसूस होनी चाहिए। पन्ने में कभी-कभी जो आंतरिक रेखाएँ दिखती हैं, वे उसे एक तरह का जीवंत चरित्र देती हैं। पर यदि पत्थर बहुत ही धुँधला, टूटा-फूटा, या जगह-जगह से मृत-सा लगे, तो वह मन को नहीं भाता। ज्योतिषीय दृष्टि में भी रत्न ऐसा होना चाहिए कि पहनने वाले को संतोष दे।

अब ज़रा बात करते हैं कि पन्ना किन लोगों को अधिक आकर्षित करता है। सबसे पहले तो विद्यार्थी और पढ़ने-लिखने वाले लोग। ऐसा इसलिए नहीं कि पन्ना पहनते ही बिना पढ़े परीक्षा निकल जाएगी, बल्कि इसलिए कि उसकी पूरी छवि ध्यान, स्मरण, समझ और अभिव्यक्ति से जुड़ी है। कई परिवारों में परीक्षाओं के समय बच्चों के लिए पन्ने की बात की जाती है। कुछ लोग इसे ऐसे बच्चों के लिए अच्छा मानते हैं जो पढ़ने में बुद्धिमान हों लेकिन मन बिखरा रहता हो। कुछ लोग इसे उन युवाओं के लिए उपयुक्त मानते हैं जिन्हें इंटरव्यू, प्रस्तुति, भाषा या निर्णय क्षमता में सुधार चाहिए।

व्यापारियों के बीच पन्ना बहुत प्रसिद्ध रहा है। इसके पीछे केवल परंपरा नहीं, प्रतीक भी है। हरा रंग समृद्धि, संतुलन और विकास से भी जोड़ा जाता है, और बुध को व्यापार का ग्रह माना गया। इसलिए बहुत-से व्यापारी, ब्रोकर, अकाउंट संभालने वाले लोग, बाजार से जुड़े लोग, और बातचीत-कौशल पर निर्भर पेशों में रहने वाले लोग पन्ने की ओर आकर्षित होते हैं। उन्हें लगता है कि यह रत्न उनके काम की प्रकृति से मेल खाता है। इसमें एक तरह की बुद्धिमानी और व्यावहारिकता का भाव है, जो व्यापारिक जीवन में बहुत महत्त्वपूर्ण होता है।

पन्ने का संबंध लेखन और भाषा से भी गहरा है। जो लोग लिखते हैं, पढ़ाते हैं, बोलते हैं, कानूनी दलील करते हैं, सलाह देते हैं, समझाते हैं, बेचते हैं, समझौते कराते हैं–उन सबके लिए शब्द बहुत महत्त्वपूर्ण होते हैं। शब्द सही हों तो काम बनता है, गलत हों तो बिगड़ता है। इसलिए पन्ने की परंपरा में वाणी की स्पष्टता और अभिव्यक्ति की सहजता को विशेष महत्त्व मिला। बहुत-से लोग मानते हैं कि यह रत्न भाषा में संतुलन, सोच में स्पष्टता और संवाद में स्थिरता लाने में सहायक हो सकता है।

लेकिन जैसा हर रत्न के साथ है, पन्ना भी बिना समझे सबके लिए नहीं माना गया। कुछ लोगों का स्वभाव पहले से इतना अधिक मानसिक रूप से दौड़ता हुआ होता है कि वे हर बात में बहुत चालाकी, बहुत गणना, बहुत तर्क, और बहुत मानसिक सक्रियता से भरे रहते हैं। ऐसे लोगों के लिए हर परंपरा पन्ना उचित माने, यह जरूरी नहीं। कभी-कभी जीवन में समस्या बुद्धि की कमी नहीं, अधिक चंचल बुद्धि की होती है। बहुत सोच लेना भी समस्या है। बहुत विश्लेषण भी निर्णय रोक देता है। इसलिए यह समझना जरूरी है कि पन्ना केवल "बुद्धि बढ़ाने" वाला रत्न नहीं, बल्कि सही उपयोग में "मानसिक संतुलन" का रत्न होना चाहिए।

एक और बात दिलचस्प है। पन्ना लोगों को अक्सर "ठंडे दिमाग" का एहसास देता है, जबकि इसका संबंध बुध से है, जो चंचल ग्रह माना गया। यह विरोधाभास जैसा लग सकता है, लेकिन बात यह है कि पन्ना मानसिक उथल-पुथल की जगह मानसिक स्पष्टता से जुड़ा है। यानी भागती हुई सोच को दिशा देना। बहुत बार व्यक्ति के पास विचार बहुत होते हैं, पर वे क्रम में नहीं होते। पन्ना मानो उन विचारों को कतार में खड़ा करने वाला रत्न है। यह बहुत सुंदर अर्थ है, और आधुनिक जीवन में तो और भी उपयोगी लगता है, क्योंकि आज सबसे बड़ी समस्याओं में से एक बिखरा हुआ ध्यान भी है।

अब धारण-विधि की बात करें। परंपरा में पन्ना सामान्यतः सोने या कभी-कभी चाँदी में भी धारण किया जाता है, लेकिन सोना अधिक प्रचलित माना गया। इसे प्रायः कनिष्ठा उँगली में पहनने की सलाह दी जाती है, विशेषकर दाहिने हाथ में, हालाँकि कुछ परंपराओं में अन्य मत भी मिलते हैं। बुधवार का दिन, सुबह का समय, और बुध मंत्र के साथ

धारण करना शुभ माना जाता है। कई लोग इसे गंगाजल, दूध या तुलसी-जल से शुद्ध करके धारण करते हैं। कुछ लोग "ॐ बुं बुधाय नमः" का जप करते हैं, कुछ सरल रूप में "ॐ बुधाय नमः" से भी इसे धारण करते हैं।

धारण-विधि की बात केवल कर्मकांड नहीं है। इसका एक मनोवैज्ञानिक अर्थ भी है। जब कोई व्यक्ति पन्ना इस भावना से पहनता है कि उसे अपनी वाणी में स्पष्टता चाहिए, सोच में व्यवस्था चाहिए, और काम में समझ चाहिए, तो वह उस रत्न के साथ एक तरह का संकल्प जोड़ देता है। फिर रत्न उसके लिए केवल अंगूठी में जड़ा पत्थर नहीं रह जाता, बल्कि एक स्मरण बन जाता है–बोलने से पहले सोचो, सोचने के बाद स्पष्ट बोलो, और निर्णय में हड़बड़ाओ मत। इस तरह रत्न कई बार व्यक्ति के जीवन में एक व्यावहारिक संकेतक भी बन जाते हैं।

पन्ने के बारे में लोकजीवन में कई तरह की बातें कही गई हैं। कुछ लोग कहते हैं कि इससे व्यापार में लाभ होता है। कुछ कहते हैं कि इससे बुद्धि तेज होती है। कुछ कहते हैं कि वाणी मीठी होती है। कुछ लोग यह भी मानते हैं कि इससे घबराहट कम होती है और मानसिक ताजगी मिलती है। अब इन सबको एक साथ शाब्दिक सच्चाई मानना सही नहीं, लेकिन यह ज़रूर समझना चाहिए कि पन्ने की पूरी परंपरा "समझ" और "संचार" के चारों ओर घूमती है। और जीवन में ये दोनों चीज़ें कम नहीं, बहुत बड़ी हैं। कई समस्याएँ तलवार से नहीं, बात से सुलझती हैं। कई सफलताएँ मेहनत के साथ-साथ सही निर्णय से आती हैं। पन्ना इसी जगह अर्थपूर्ण लगता है।

पन्ने के साथ एक मिथक यह भी चलता है कि यह केवल व्यापारियों के लिए है। यह बात अधूरी है। हाँ, व्यापार और बुध का संबंध गहरा है, इसलिए पन्ना व्यापारियों में लोकप्रिय है। लेकिन जो छात्र है, जो लेखक है, जो वकील है, जो अध्यापक है, जो वक्ता है, जो शोधकर्ता है, जो सलाहकार है, या जो केवल अपने जीवन में मानसिक स्पष्टता चाहता है–उसके लिए भी पन्ना आकर्षक हो सकता है। इस रत्न का अर्थ बहुत व्यापक है। यह केवल पैसे की गणना नहीं, जीवन की समझ का रत्न है।

एक और मिथक यह है कि पन्ना पहनते ही व्यक्ति बहुत चालाक हो जाता है। यह भी अतिशयोक्ति है। पन्ने का स्वस्थ अर्थ चालाकी

नहीं, बुद्धिमानी है। चालाकी कई बार स्वार्थी होती है, लेकिन बुद्धिमानी संतुलित होती है। वह परिस्थिति समझती है, पर उसका दुरुपयोग जरूरी नहीं करती। बुध ग्रह के दोनों पक्ष माने गए हैं–एक ओर कौशल, दूसरी ओर चतुराई का अतिरेक। इसलिए पन्ने का सही उपयोग भी तभी माना जाएगा जब वह व्यक्ति को स्पष्ट, प्रभावी और संतुलित बनाए, केवल चालबाज़ नहीं।

अगर पन्ने को एक मानवीय वाक्य में समझें, तो वह जैसे कहता है–"सोच साफ रखो और बात सही कहो।" कितनी बड़ी बात है यह। जीवन की आधी उलझनें गलत फैसलों से नहीं, गलत समझ और गलत संवाद से पैदा होती हैं। लोग एक-दूसरे को समझ नहीं पाते, अपनी बात ठीक से रख नहीं पाते, समय पर प्रतिक्रिया नहीं देते, और फिर समस्याएँ बढ़ जाती हैं। पन्ने की पूरी परंपरा ऐसे जीवन में बहुत उपयोगी प्रतीत होती है। वह जोर से नहीं, समझदारी से काम करने की प्रेरणा देता है।

सार यही निकलता है कि पन्ना भारतीय रत्न परंपरा का एक बहुत ही सुंदर, व्यावहारिक और बौद्धिक रत्न है। इसमें हरियाली की ताजगी है, बुध की चपलता है, संवाद की शक्ति है और जीवन को थोड़ा अधिक स्पष्ट देखने की प्रेरणा भी। यह रत्न उन लोगों के लिए विशेष आकर्षक हो सकता है जिन्हें अपने मन की उलझनों में व्यवस्था चाहिए, अपनी वाणी में स्पष्टता चाहिए और अपने काम में समझ की रोशनी चाहिए। लेकिन इसके साथ भी वही नियम लागू होता है–रत्न को फैशन और उपाय के अंतर के साथ समझना चाहिए, और बिना विचार के धारण नहीं करना चाहिए।

अब पन्ने के बाद हम उस रत्न की ओर बढ़ेंगे जिसे भारतीय परंपरा में बहुत शुभ, सौम्य और सम्मानित माना गया है–पुखराज। यह रत्न गुरु, ज्ञान, आशीर्वाद, विवाह, संतान, धर्म और विस्तार से जुड़ा हुआ माना जाता है। जहाँ पन्ना मानसिक समझ की बात करता है, वहीं पुखराज जीवन में सदबुद्धि, विश्वास और स्थिर शुभता की ओर ले जाता हुआ प्रतीत होता है।

***

अध्याय 9

पुखराज

कुछ रत्न ऐसे होते हैं जिन्हें देखते ही मन में भरोसा-सा जागता है। पुखराज उन्हीं में से एक है। उसका पीला, संतुलित और शांत प्रकाश बहुत-से लोगों को शुभता, सलाह, परिपक्वता और जीवन में सही दिशा के भाव से जोड़ देता है।

अगर माणिक्य में राजसी तेज है, मोती में मन की शांति, मूंगे में साहस, और पन्ने में बुद्धि की चुस्ती, तो पुखराज में एक अलग ही प्रकार की परिपक्वता है। यह रत्न जैसे जल्दबाज़ी नहीं करता। उसमें एक ठहराव है, एक सम्मानजनक प्रकाश है। उसका पीला रंग भी कुछ ऐसा ही है—न लाल की तरह तीखा, न सफेद की तरह शांत, न हरे की तरह ठंडा। उसमें गर्माहट है, पर कोमल गर्माहट। जैसे सुबह की धूप हो, जो आँख नहीं चुभाती पर वातावरण को उजला कर देती है। यही स्वभाव इस रत्न की पूरी परंपरा में दिखाई देता है।

आम बोलचाल में बहुत लोग इसे "पीला पुखराज" कहते हैं, क्योंकि बाजार में दूसरे तरह के सैफायर भी मिलते हैं। अंग्रेज़ी में इसे येलो सैफायर कहा जाता है। पर हमारे यहाँ इसका महत्व अंग्रेज़ी नाम से नहीं, उसके पारंपरिक अर्थ से है। यह गुरु ग्रह का रत्न माना गया है, और गुरु को भारतीय ज्योतिष में अत्यंत शुभ, मार्गदर्शक और विस्तार देने वाला ग्रह समझा गया। गुरु का मतलब केवल अध्यापक नहीं। गुरु वह भी है जो जीवन को दिशा दे, जो समझ को ऊँचा उठाए, जो अँधेरे में रास्ता दिखाए, जो केवल जानकारी न दे बल्कि विवेक दे। इसी कारण पुखराज को भी केवल ज्ञान का रत्न नहीं, सदबुद्धि का रत्न माना गया।

अब यह बात साधारण जीवन की भाषा में समझें। हर व्यक्ति को जीवन में ऐसे समय आते हैं जब उसे केवल चालाकी नहीं, सही समझ चाहिए। केवल जानकारी नहीं, निर्णय की परिपक्वता चाहिए। केवल अवसर नहीं, सही अवसर पहचानने की दृष्टि चाहिए। कई लोग बुद्धिमान होते हैं, पर जीवन-निर्णयों में बार-बार उलझ जाते हैं। कई लोग पढ़े-लिखे होते हैं, पर रिश्तों, विवाह, परिवार, बच्चों, धर्म, मूल्य और जिम्मेदारी जैसे क्षेत्रों में भ्रमित रहते हैं। कई लोग बहुत मेहनत करते हैं, पर दिशा नहीं होती। पुखराज की पूरी परंपरा ऐसे ही क्षेत्रों से जुड़ी है–जहाँ जीवन को गहराई, स्थिरता और शुभ मार्गदर्शन चाहिए।

बृहस्पति का संबंध ज्ञान, धर्म, आस्था, नैतिकता, गुरु-कृपा, संतान, विवाह, सम्मानित स्थान, सलाह और जीवन में विस्तार से जोड़ा गया। इसलिए पुखराज के बारे में आम तौर पर जो बातें कही जाती हैं, उनमें विवाह में सहायता, गुरु का आशीर्वाद, संतान सुख, शिक्षा, सम्मान, धार्मिक झुकाव, और आर्थिक स्थिरता भी शामिल होती हैं। खासकर स्त्रियों के संदर्भ में पुखराज का नाम बहुत बार सामने आता है, क्योंकि समाज में लंबे समय से यह धारणा रही है कि विवाह में देरी या वैवाहिक जीवन के लिए यह शुभ रत्न हो सकता है। लेकिन इसे केवल विवाह तक सीमित कर देना उचित नहीं होगा। पुखराज का अर्थ उससे कहीं बड़ा है। यह जीवन में "उचित" चीज़ को आकर्षित करने की परंपरा से जुड़ा है–उचित सलाह, उचित साथी, उचित दिशा, उचित अवसर।

तभी पुखराज को बहुत-से लोग "भाग्य" से जोड़ देते हैं। पर यहाँ भाग्य का मतलब अचानक बिना कारण धन वर्षा नहीं समझना चाहिए। परंपरागत अर्थ में पुखराज शुभ संभावनाओं के द्वार खोलने वाला माना गया–लेकिन तभी जब व्यक्ति का जीवन और कर्म भी उसके साथ हों। दूसरे शब्दों में कहें तो पुखराज उस खेत की तरह नहीं है जहाँ बिना बोए फसल उग जाए। बल्कि यह उस खेत पर पड़ने वाली अच्छी धूप जैसा माना गया, जहाँ बीज पहले से हों और किसान काम भी कर रहा हो। यह उपमा पुखराज को समझने के लिए बहुत सही लगती है। यह रत्न जीवन में सहज, सम्मानित और स्थायी शुभता का प्रतीक है, न कि अचानक चमत्कार का।

बहुत-से लोग पुखराज की तरफ तब आकर्षित होते हैं जब उन्हें जीवन में स्थिरता चाहिए। कोई व्यक्ति बहुत प्रतिभाशाली है, लेकिन

भीतर से बिखरा हुआ है। कोई रिश्तों में बार-बार गलत चुनाव कर बैठता है। कोई गुरुजनों से दूर हो गया है या अच्छी सलाह नहीं सुनता। कोई आध्यात्मिक रूप से भटका हुआ महसूस करता है। कोई विवाह योग्य है, पर बात बनते-बनते रह जाती है। कोई संतान की चिंता में है। कोई जीवन में सम्मानित स्थान चाहता है, पर भीतर धैर्य और परिपक्वता की कमी है। इन स्थितियों में पुखराज का नाम स्वाभाविक रूप से सामने आता है। क्योंकि इसकी पूरी प्रतीक-व्यवस्था स्थिर, शुभ और मार्गदर्शक ऊर्जा से बनी है।

पुखराज का पीला रंग भी उसके अर्थ को गहराई देता है। पीला रंग भारतीय जीवन में बहुत शुभ माना गया है। हल्दी का रंग, बसंत का रंग, आस्था का रंग, ज्ञान का रंग, पूजा का रंग, गुरुवार का रंग–इन सबमें पीलेपन का अपना अलग महत्व है। पीला रंग मन में उत्साह जगाता है, पर उग्र नहीं बनाता। वह गर्म भी है और कोमल भी। उसमें प्रकाश है, लेकिन शांति वाला प्रकाश। इसी वजह से पुखराज का रूप देखते ही मन में डर नहीं, अपनापन और शुभता का भाव आता है। यह रत्न बहुत लोगों को इसलिए भी प्रिय लगता है कि इसका स्वभाव भरोसा दिलाने वाला है।

अगर पन्ना बुद्धि की चुस्ती है, तो पुखराज बुद्धि की परिपक्वता है। यह अंतर बहुत सुंदर है। पन्ना जल्दी समझने, सही बोलने और गणना करने से जुड़ा है। पुखराज ऊँची समझ, गहरी सलाह, सही मूल्य और दूरदृष्टि से। पन्ना व्यापार की मेज पर बैठा दिखाई देता है, पुखराज गुरु के आसन पर। पन्ना तर्क देता है, पुखराज तर्क के साथ नीति देता है। पन्ना कहता है–"समझदारी से काम लो", पुखराज कहता है–"सही समझ से जीवन जीयो।" इसीलिए दोनों रत्न सुंदर हैं, पर उनके अर्थ अलग हैं।

भारतीय घरों में पुखराज को लेकर एक अपनापन और भरोसा दोनों मिलते हैं। कई परिवारों में यह मान्यता रही है कि यदि किसी कन्या के विवाह में बाधा हो रही हो, तो पुखराज सहायक हो सकता है। कई लोगों ने इसे गुरु-कृपा और विवाह-सौभाग्य से जोड़कर देखा। लेकिन इस परंपरा को केवल एक सामाजिक सलाह तक सीमित नहीं करना चाहिए। विवाह केवल शादी की तारीख तय हो जाने का नाम नहीं। सही विवाह के लिए समझ, स्थिरता, मूल्य, भरोसा, परिपक्वता और आशीर्वाद भी चाहिए।

शायद इसी गहरे अर्थ में पुखराज विवाह से जुड़ा। वह केवल संबंध बनने का नहीं, योग्य संबंध बनने का प्रतीक माना गया।

इसी तरह संतान सुख के संदर्भ में भी पुखराज का नाम आता है। बृहस्पति को परंपरा में वृद्धि, वंश, आशीर्वाद और संरक्षण से जोड़ा गया। इसलिए बहुत-से लोग इस रत्न को पारिवारिक विस्तार, बच्चों की खुशी और गृहस्थ जीवन की स्थिरता से भी जोड़ते हैं। अब इन मान्यताओं को शाब्दिक रूप से हर स्थिति पर लागू करना ठीक नहीं, लेकिन यह समझना ज़रूरी है कि पुखराज की पूरी परंपरा केवल व्यक्तिगत लाभ की नहीं, पारिवारिक शुभता की भी है। यह बात इसे और व्यापक बनाती है।

अब इसके भौतिक पक्ष की बात करें। पुखराज एक खनिज रत्न है, और अच्छे पुखराज में रंग, पारदर्शिता, चमक और समरूपता महत्त्वपूर्ण मानी जाती है। बाजार में पीले रंग के कई पत्थर पुखराज बताकर बेचे जाते हैं। कोई सिट्रीन को पुखराज कह देता है, कोई ग्लास या सिंथेटिक पत्थर को, कोई बहुत हल्के या बहुत गहरे पीले पत्थर को भी पुखराज बता देता है। इसलिए पुखराज खरीदते समय सबसे अधिक सावधानी जरूरी है। यह उन रत्नों में से है जो ज्योतिषीय कारणों से भी बहुत खरीदे जाते हैं, इसलिए बाजार में इसके नाम पर भ्रम और मिलावट दोनों खूब मिलते हैं।

अच्छे पुखराज में सामान्यतः साफ, उजला और जीवंत पीला रंग पसंद किया जाता है। ऐसा पीला जिसमें प्रकाश हो, पर बनावटीपन न हो। बहुत फीका पत्थर सुस्त लग सकता है, और बहुत अधिक गहरा या भूरापन लिए पत्थर मन को नहीं भाता। अच्छे पुखराज में एक प्रकार की स्वच्छ चमक होती है। उसे देखकर मन में संतोष होना चाहिए। कुछ लोग बहुत पारदर्शी पत्थर पसंद करते हैं, कुछ हल्की प्राकृतिक आंतरिक संरचना को भी स्वीकार करते हैं, लेकिन सामान्य रूप से रत्न ऐसा होना चाहिए जो देखने में “मरा हुआ” न लगे। रत्न केवल खरीदा नहीं जाता, उससे मानसिक जुड़ाव भी बनता है। इसलिए उसका रूप भी महत्त्वपूर्ण होता है।

पुखराज को लेकर बाजार में एक खास समस्या “हीटेड” या ट्रीटेड पत्थरों की भी होती है। आजकल तकनीक की मदद से रंग सुधारा या

बदला जा सकता है। कुछ मामलों में उपचार की जानकारी दी जाती है, कुछ में नहीं। इसलिए यदि कोई व्यक्ति सचमुच ज्योतिषीय या पारंपरिक महत्व के लिए पुखराज लेना चाहता है, तो उसे विश्वसनीय विक्रेता और प्रमाणिकता दोनों पर ध्यान देना चाहिए। केवल सुनकर या ऑनलाइन फोटो देखकर निर्णय लेना सही नहीं। पीला पत्थर बहुत हैं, पर हर पीला पत्थर पुखराज नहीं।

अब सवाल यह है कि पुखराज किन लोगों के लिए अधिक उपयुक्त माना जाता है। परंपरागत रूप से जिनकी कुंडली में बृहस्पति शुभ होकर कमजोर हो, या जिनके जीवन में गुरु-तत्व, विवाह, शिक्षा, मूल्य, आध्यात्मिकता, सम्मान, सलाह या पारिवारिक विस्तार से जुड़ी स्थितियाँ हों, उनके लिए इसका विचार किया जाता है। लेकिन इसे और सरल करें तो कहा जा सकता है कि पुखराज उन लोगों को आकर्षित करता है जिन्हें जीवन में "सही दिशा" चाहिए। केवल सफलता नहीं, अच्छी सफलता। केवल संबंध नहीं, उचित संबंध। केवल पैसा नहीं, स्थिर और सम्मानित समृद्धि। केवल ज्ञान नहीं, सद्बुद्धि।

यही वजह है कि पुखराज सिर्फ छात्रों या विवाहित होने की इच्छा रखने वालों का रत्न नहीं है। यह उन लोगों को भी आकर्षित करता है जो जीवन में अर्थ और दिशा खोज रहे हैं। कोई व्यक्ति करियर में ठीक चल रहा है, पर भीतर से खाली महसूस करता है। कोई धन कमा रहा है, पर निर्णय गलत लेता रहता है। कोई सलाहकार है, शिक्षक है, धार्मिक व्यक्ति है, सामाजिक सम्मान चाहता है, या स्वयं को अधिक परिपक्व बनाना चाहता है–पुखराज ऐसे सब लोगों के लिए अर्थपूर्ण हो सकता है। बृहस्पति का असली संबंध केवल किताबों से नहीं, जीवन-ज्ञान से है।

हालाँकि, यह भी याद रखना चाहिए कि पुखराज को जितना शुभ माना गया, उतना ही इसे बिना सोचे पहन लेने की सलाह भी नहीं दी गई। कुछ लोग सुन लेते हैं कि यह "सबसे अच्छा रत्न" है और फिर बिना किसी विचार के पहन लेते हैं। पर हर व्यक्ति के लिए हर समय पुखराज उचित हो, यह जरूरी नहीं। यदि किसी की कुंडली में बृहस्पति की भूमिका अलग हो, या उसका स्वभाव पहले से ही अत्यधिक ढीला, आलसी, उपदेशप्रिय या दिखावटी धार्मिकता की ओर झुका हुआ हो, तो हर परंपरा पुखराज को एक जैसा लाभकारी माने, ऐसा आवश्यक नहीं।

इसलिए यह समझना चाहिए कि शुभ रत्न भी विवेक के साथ चुना जाता है।

यहाँ एक मनोवैज्ञानिक बात भी बहुत महत्त्वपूर्ण है। पुखराज पहनने वाले कई लोग एक प्रकार का भरोसा महसूस करते हैं। उन्हें लगता है कि जीवन में चीज़ें धीरे-धीरे जगह पर आएँगी। यह भरोसा छोटी बात नहीं। बहुत-से लोग बुद्धिमान होने के बावजूद अंदर से असुरक्षित रहते हैं। उन्हें सही निर्णय पर भरोसा नहीं होता। वे हर बात में डरते हैं कि कहीं गलती न हो जाए। पुखराज की पूरी परंपरा ऐसे व्यक्ति को एक तरह का आंतरिक विश्वास देती प्रतीत होती है—कि जीवन केवल संघर्ष नहीं, कृपा भी है; केवल दौड़ नहीं, दिशा भी है; केवल बुद्धि नहीं, आशीर्वाद भी जरूरी है। यही भाव इस रत्न को और भी गहरा बनाता है।

धारण-विधि की बात करें तो पुखराज को सामान्यतः सोने में धारण करना श्रेष्ठ माना गया है। सोना और बृहस्पति का मेल पारंपरिक रूप से शुभ समझा गया। इसे आमतौर पर तर्जनी उँगली में पहनने की सलाह दी जाती है, विशेषकर दाहिने हाथ में। गुरुवार का दिन, सुबह का समय, और गुरु के स्मरण के साथ धारण करना अच्छा माना जाता है। बहुत-से लोग इसे गंगाजल, कच्चे दूध, केसर, हल्दी या शहद आदि से शुद्ध करके धारण करते हैं। गुरुवार और पीले रंग की सांस्कृतिक निकटता भी इस विधि को और अर्थपूर्ण बनाती है।

मंत्र की बात करें तो लोग अक्सर "ॐ बृं बृहस्पतये नमः" या "ॐ गुरवे नमः" जैसे मंत्रों के साथ इसे धारण करते हैं। कुछ लोग केवल शांत भाव से गुरु का स्मरण करके भी पहनते हैं। यहाँ फिर वही बात ज़रूरी है—धारण-विधि का अर्थ केवल कर्मकांड नहीं, मानसिक संकल्प भी है। यदि कोई व्यक्ति पुखराज इस भावना से पहनता है कि उसे जीवन में सद्बुद्धि, सही मार्गदर्शन, स्थिर शुभता और सम्मान चाहिए, तो वह उस रत्न को अपने भीतर के उद्देश्य से जोड़ देता है। यही वह जगह है जहाँ रत्न केवल धातु और पत्थर न रहकर व्यक्ति की साधना का हिस्सा भी बन सकता है।

पुखराज के बारे में कुछ लोकधारणाएँ और भी हैं। कई लोग इसे धन, समृद्धि और अवसर का रत्न मानते हैं। कुछ कहते हैं कि यह बड़ों का

आशीर्वाद दिलाता है। कुछ लोग मानते हैं कि इससे विवाह जल्दी होता है। कुछ लोग कहते हैं कि यह संतान के लिए अच्छा है। कुछ लोग इसे शिक्षक, पुरोहित, सलाहकार, न्यायप्रिय व्यक्तियों और आध्यात्मिक पथ के लोगों के लिए विशेष मानते हैं। अब इनमें से हर बात हर व्यक्ति पर लागू हो, यह जरूरी नहीं। लेकिन इतना जरूर है कि इस रत्न की पूरी सांस्कृतिक छवि "सम्मानित शुभता" की है। यही बात इसे लोकप्रिय बनाती है।

एक आम मिथक यह भी है कि पुखराज पहनते ही सब काम बनने लगते हैं। सच्चाई यह है कि जीवन इतना सीधा नहीं होता। हाँ, यह जरूर हो सकता है कि पुखराज पहनने वाला व्यक्ति अधिक धैर्यवान हो, अधिक परिपक्व निर्णय ले, अपने गुरुजनों की बात सुने, और अपने जीवन में मूल्य आधारित दृष्टि लाए। यदि ऐसा होता है तो स्वाभाविक है कि उसके काम भी अधिक ठीक ढंग से बनेंगे। लेकिन इसका श्रेय केवल रत्न को दे देना अधूरा होगा। रत्न, संकल्प, कर्म, समय और परिस्थिति–ये सब साथ काम करते हैं।

एक और मिथक यह है कि पुखराज केवल स्त्रियों के लिए है क्योंकि यह विवाह के लिए पहना जाता है। यह भी पूरी तरह गलत है। पुरुष भी पुखराज धारण करते हैं, और बहुत करते हैं–ज्ञान, सम्मान, गुरु-कृपा, निर्णय की परिपक्वता, पारिवारिक स्थिरता और जीवन-दिशा के लिए। बृहस्पति का संबंध सार्वभौमिक है, किसी एक लिंग तक सीमित नहीं। इसलिए पुखराज को केवल "शादी का रत्न" कह देना उसकी गरिमा बहुत छोटी कर देना है।

अगर पुखराज को एक मानवीय वाक्य में समझें, तो वह जैसे कहता है–"जल्दबाज़ी छोड़ो, सही दिशा चुनो।" आज के समय में यह संदेश बहुत मूल्यवान है। लोग तेज़ी से आगे बढ़ना चाहते हैं, पर दिशा खो देते हैं। बहुत जानकारी है, पर विवेक कम है। बहुत विकल्प हैं, पर स्थिरता कम है। पुखराज की परंपरा ऐसे समय में संतुलन का निमंत्रण देती है। यह बताती है कि केवल तेज़ दौड़ना सफलता नहीं, सही तरफ बढ़ना सफलता है।

आख़िरकार बात यहाँ आकर ठहरती है कि पुखराज भारतीय रत्न परंपरा का एक अत्यंत सम्मानित, शुभ और गहरी अर्थवत्ता वाला रत्न है। इसमें गुरु का आशीर्वाद, पीले प्रकाश की शांति, जीवन-दिशा का संकेत, और रिश्तों व मूल्यों की गरिमा जुड़ी हुई है। यह रत्न उन लोगों को विशेष आकर्षित कर सकता है जो जीवन में केवल उपलब्धि नहीं, उचित उपलब्धि चाहते हैं; केवल संबंध नहीं, अच्छे संबंध चाहते हैं; केवल ज्ञान नहीं, सद्बुद्धि चाहते हैं। लेकिन इसके साथ भी वही बात लागू होती है—समझ, उपयुक्तता और संतुलन।

अब पुखराज के बाद हम ऐसे रत्न की ओर बढ़ेंगे जिसका नाम सुनते ही विलास, सौंदर्य, आकर्षण, संबंध, कला और ऐश्वर्य की छवि सामने आती है—हीरा। यह रत्न शुक्र से जुड़ा हुआ माना जाता है, और इसकी दुनिया चमक, मोहकता और परिष्कृत सौंदर्य से भरी हुई है।

***

अध्याय 10

हीरा

हीरे का आकर्षण केवल उसकी चमक में नहीं, उसकी सांस्कृतिक छवि में भी है। वह वैभव का प्रतीक है, प्रेम का भी; परिष्कार का भी, और जीवन की उस सुंदरता का भी जिसे मनुष्य केवल उपयोग नहीं, रस के रूप में जीना चाहता है।

अगर माणिक्य में तेज है, मोती में शांति, मूंगे में बल, पन्ने में बुद्धि, और पुखराज में आशीर्वाद, तो हीरे में आकर्षण और परिष्कार है। यह ऐसा रत्न है जो अपने होने का ऐलान शोर से नहीं, चमक से करता है। और उसकी चमक भी सीधी-सादी नहीं होती। वह प्रकाश को पकड़ती है, तोड़ती है, बिखेरती है, और देखने वाले को ठहरने पर मजबूर कर देती है। शायद इससे समझ में आता है कि हीरा सदियों से केवल धनी लोगों का गहना नहीं, चाहत का प्रतीक भी रहा है।

भारतीय ज्योतिष में हीरे को शुक्र ग्रह का रत्न माना गया है। और शुक्र का नाम आते ही मन में जो बातें आती हैं, वे हैं–सौंदर्य, प्रेम, संबंध, कला, संगीत, विलास, आकर्षण, सुविधा, भोग, साज-सज्जा, आनंद और जीवन के कोमल सुख। शुक्र वह ग्रह माना गया जो जीवन को केवल चलाता नहीं, उसे सुंदर भी बनाता है। वह केवल जीवित रहने की बात नहीं करता, बल्कि अच्छे से जीने की बात करता है। कपड़े अच्छे हों, घर सुंदर हो, संबंध मधुर हों, संगीत अच्छा लगे, वातावरण सुसंस्कृत हो, मन में रस हो–ये सब शुक्र की दुनिया में आते हैं। इसी वजह से हीरे को भी केवल धन का रत्न नहीं, रस और आकर्षण का रत्न माना गया।

अब इसे थोड़ा सरल और घरेलू ढंग से समझें। जीवन में केवल रोटी, काम और जिम्मेदारी ही नहीं होती। मनुष्य सुंदरता भी चाहता है। वह अच्छा पहनना चाहता है, प्रेम चाहता है, अपनापन चाहता है, अच्छे संबंध चाहता है, कला और आनंद का अनुभव चाहता है। वह चाहता है कि घर में केवल सामान न हो, सलीका भी हो। बात में केवल तथ्य न हो, मिठास भी हो। रिश्ते में केवल व्यवस्था न हो, प्रेम भी हो। शुक्र इसी क्षेत्र का प्रतीक है। और हीरा उसकी सबसे चमकदार अभिव्यक्ति माना गया।

हीरे की सबसे पहली पहचान उसकी चमक है। लेकिन यह सिर्फ बाहरी चमक की बात नहीं। भारतीय परंपरा में शुक्र का संबंध उस आकर्षण से भी है जो किसी व्यक्ति को देखने, सुनने या उसके पास बैठने में अच्छा लगे। कोई व्यक्ति बहुत सुंदर हो सकता है, पर उसमें माधुर्य न हो। कोई साधारण रूप वाला भी हो सकता है, पर उसमें ऐसी विनम्रता, सौम्यता और रुचि हो कि लोग उससे खिंच जाएँ। शुक्र केवल रूप नहीं, रस है। हीरे का पूरा सांस्कृतिक अर्थ इसी “रस” से जुड़ा है।

ऐसे में हीरे को प्रेम और संबंधों से भी जोड़ा गया। आधुनिक समय में तो हीरा प्रेम-प्रस्ताव, विवाह-अंगूठी और स्थायी बंधन का प्रतीक बन चुका है, लेकिन भारतीय दृष्टि में इसका अर्थ उससे भी थोड़ा गहरा है। यहाँ शुक्र का संबंध दांपत्य, कामनाओं, आकर्षण और वैवाहिक सुख से मांना गया। इसलिए बहुत-से लोग हीरे को केवल फैशन नहीं, संबंधों की मधुरता और निजी जीवन की परिष्कृत खुशी से जोड़ते हैं। हालाँकि इसे लेकर बहुत-सी अतिशयोक्तियाँ भी हैं, पर यह बात जरूर है कि हीरे के साथ भावनात्मक और सामाजिक दोनों अर्थ जुड़े हुए हैं।

अब यदि इसे ज्योतिषीय दृष्टि से देखें, तो हीरा उन लोगों के लिए चर्चा में आता है जिनके जीवन में शुक्र से जुड़े क्षेत्र महत्त्वपूर्ण हों या जिनका शुक्र शुभ होकर भी कमजोर माना जाए। ऐसे लोग जो कला, डिजाइन, मनोरंजन, सौंदर्य, फैशन, अभिनय, संगीत, सार्वजनिक आकर्षण, संबंधों, विलास-उद्योग, होटल, सजावट, या समाजिक छवि से जुड़े क्षेत्रों में हों, वे स्वाभाविक रूप से शुक्र प्रधान रत्नों की तरफ आकर्षित हो सकते हैं। लेकिन इतना ही नहीं। हीरा उन लोगों के लिए भी प्रतीकात्मक रूप से महत्त्वपूर्ण हो सकता है जो अपने जीवन में आनंद, माधुर्य, परिष्कार और आत्म-मूल्य को फिर से जगाना चाहते हों।

कई बार व्यक्ति जीवन में बहुत मेहनत करता है, सफल भी हो जाता है, लेकिन उसका जीवन सूखा हो जाता है। काम है, पैसे हैं, जिम्मेदारियाँ हैं, पर आनंद नहीं है। संबंध हैं, पर कोमलता नहीं। घर है, पर सुंदरता का भाव नहीं। बात है, पर मिठास नहीं। ऐसे समय में शुक्र की बात बहुत अर्थपूर्ण लगती है। जीवन में रस होना भी उतना ही जरूरी है जितना संरचना होना। हीरा, अपनी पूरी प्रतीक-व्यवस्था में, उसी रस की याद दिलाता है। वह कहता है कि जीवन केवल बोझ उठाने का नाम नहीं; उसमें सुंदरता और सुख का भी स्थान है।

लेकिन यहीं एक सावधानी भी है। हीरे को केवल भोग और विलास का रत्न मान लेना अधूरा होगा। शुक्र का एक निम्न पक्ष भी हो सकता है–अतिशय आकर्षण, दिखावा, असंतुलित इच्छाएँ, खर्चीला स्वभाव, संबंधों में हल्कापन, बाहरी चमक पर अत्यधिक जोर। इसलिए हीरे का सही अर्थ तभी समझ में आता है जब हम शुक्र के ऊँचे और नीचे दोनों पक्षों को पहचानें। एक ओर सलीका, प्रेम, कला और माधुर्य है; दूसरी ओर अति-विलास, दिखावा और इंद्रिय-लिप्सा का खतरा भी है। इसीलिए हीरा हर व्यक्ति के लिए एक जैसा उपयुक्त हो, यह जरूरी नहीं।

यहाँ एक दिलचस्प तुलना की जा सकती है। माणिक्य आत्मसम्मान जगाता है, पुखराज सद्बुद्धि देता है, पन्ना सोच को व्यवस्थित करता है, लेकिन हीरा व्यक्ति को अपने जीवन की गुणवत्ता पर ध्यान दिलाता है। क्या मेरे संबंधों में मिठास है? क्या मैं अपने आप को सम्मान के साथ सजाता-सँवारता हूँ? क्या मेरे भीतर कला, संगीत, प्रेम और नर्माहट के लिए जगह बची है? क्या मैं सिर्फ दौड़ रहा हूँ या जी भी रहा हूँ? यही सवाल शुक्र के हैं। हीरे की पूरी छवि इन सवालों को चमकदार रूप में सामने लाती है।

अब इसके भौतिक पक्ष पर आएँ, तो हीरा वैज्ञानिक रूप से भी बहुत रोचक रत्न है। यह कार्बन का रूप है, लेकिन इसकी आंतरिक संरचना ऐसी होती है कि इसे अत्यंत कठोर माना जाता है। "हीरे जैसा कठोर" कहना यूँ ही प्रचलित नहीं हुआ। पर यहाँ एक बात समझने की है–कठोरता का मतलब यह नहीं कि हीरा कभी टूट नहीं सकता। उसकी संरचना और कट कुछ दिशा में उसे मजबूत बनाते हैं, और गलत दबाव या आघात में वह चिप भी हो सकता है। फिर भी, रत्नों की दुनिया में हीरे का एक विशेष दर्जा उसकी कठोरता और चमक दोनों के कारण बना।

हीरे की गुणवत्ता आम तौर पर चार बातों से देखी जाती है—कट, रंग, स्वच्छता और वजन। आधुनिक ज्वेलरी की दुनिया में यह बहुत प्रसिद्ध ढाँचा है। किसी हीरे की चमक केवल उसकी प्राकृतिक स्थिति से नहीं, उसकी कटिंग से भी बहुत प्रभावित होती है। इसी कारण दो हीरे वजन में समान हों, फिर भी उनमें से एक अधिक आकर्षक लग सकता है। स्वच्छता भी महत्त्वपूर्ण है—भीतर कितनी अशुद्धियाँ हैं, कौन-सी दिखाई देती हैं, कौन-सी नहीं। रंग के मामले में बहुत लोग बिल्कुल पारदर्शी हीरे को श्रेष्ठ मानते हैं, लेकिन हीरे कई रंगों में भी मिलते हैं। हालांकि ज्योतिषीय परंपरा में सामान्यतः उजला या लगभग रंगहीन हीरा ही अधिक चर्चा में आता है।

अब बाजार की बात करें तो हीरे की दुनिया शायद सबसे अधिक जटिल है। यहाँ प्राकृतिक, लैब-ग्रोउन, सिंथेटिक, ट्रीटेड, मोइसानाइट, अमेरिकन डायमंड, ज़िरकोनिया—न जाने कितने विकल्प मौजूद हैं। आम आदमी के लिए इनमें अंतर समझना आसान नहीं। तभी हीरा खरीदते समय केवल "चमक" देखकर निर्णय लेना बहुत खतरनाक हो सकता है। जो पत्थर बहुत सुंदर दिख रहा है, वह जरूरी नहीं कि प्राकृतिक हीरा हो। और जो असली हीरा है, वह जरूरी नहीं कि बहुत बड़ा और बहुत चमकदार ही दिखे। इसलिए हीरे के मामले में प्रमाणपत्र, विश्वसनीय विक्रेता और स्पष्ट जानकारी बहुत जरूरी है।

अगर कोई व्यक्ति हीरे को केवल फैशन के लिए खरीद रहा है, तो उसका उद्देश्य अलग है। वह अपनी पसंद, बजट और डिज़ाइन के अनुसार निर्णय करेगा। लेकिन यदि कोई हीरा ज्योतिषीय उपयोग के लिए लेना चाहता है, तो मामला थोड़ा और गंभीर हो जाता है। तब यह जानना पड़ता है कि जो पत्थर लिया जा रहा है, वह वास्तव में क्या है। बहुत-से लोग कम बजट में हीरे के नाम पर अमेरिकन डायमंड या ज़िरकोनिया पहन लेते हैं और फिर सोचते हैं कि उनका शुक्र क्यों नहीं सुधरा। इसलिए रत्न और सजावटी पत्थर में अंतर समझना बहुत जरूरी है।

हीरे के बारे में एक आम धारणा है कि यह धन और वैभव बढ़ाता है। इस धारणा में कुछ सांस्कृतिक सत्य जरूर है, क्योंकि हीरा लंबे समय से संपन्नता का प्रतीक रहा है। पर ज्योतिषीय अर्थ में इसका संबंध केवल धन से नहीं, "जीवन की सुगंध" से है। यानी ऐसी समृद्धि जो केवल

बैंक-बैलेंस में नहीं, जीवन के स्वाद में भी दिखाई दे। अच्छा भोजन, सुंदर वस्त्र, मधुर संबंध, कलात्मकता, प्रेम, आराम, कोमलता–ये सब शुक्र प्रधान जीवन के लक्षण हैं। हीरा इन्हीं बातों का चमकीला प्रतीक बन जाता है।

इसीलिए कला और सौंदर्य से जुड़े लोग हीरे की तरफ खिंचते रहे हैं। जिनका काम छवि, शैली, रूप, प्रस्तुति, आकर्षण, ग्लैमर या सार्वजनिक प्रभाव से जुड़ा हो, उनके लिए शुक्र की प्रतीक-व्यवस्था स्वाभाविक रूप से अर्थपूर्ण होती है। लेकिन यह भी सच है कि हर कलाकार को हीरा पहनना चाहिए, ऐसा नहीं। प्रतीक और उपयुक्तता अलग बातें हैं। बहुत बार कोई व्यक्ति हीरा इसलिए चाहता है क्योंकि उसे लगता है कि इससे उसकी उपस्थिति और निखरेगी। यह भावना गलत नहीं। पर यदि वह इसे ग्रह-रत्न के रूप में देख रहा है, तो उसे समझ और सलाह दोनों की जरूरत होगी।

हीरा संबंधों के संदर्भ में भी बहुत चर्चा में आता है। लोग कहते हैं यह प्रेम बढ़ाता है, दांपत्य में मधुरता लाता है, आकर्षण बढ़ाता है। इन बातों को भी संतुलन के साथ समझना चाहिए। कोई भी रत्न दो व्यक्तियों के बीच सम्मान, संवाद और संवेदना का स्थान नहीं ले सकता। लेकिन यह जरूर हो सकता है कि हीरा पहनने वाला व्यक्ति अपने व्यवहार, प्रस्तुति, सौंदर्यबोध और संबंधों के प्रति सजग हो जाए। वह अपने भीतर के रूखेपन को कम करे, जीवन में कोमलता और सुंदरता के लिए जगह बनाए। यदि ऐसा होता है, तो स्वाभाविक है कि उसके संबंधों पर भी असर पड़े।

यहाँ एक महत्वपूर्ण बात यह भी है कि हीरे का संबंध आत्म-मूल्य से भी जोड़ा जा सकता है। बहुत-से लोग बाहरी रूप से ठीक दिखते हैं, पर भीतर से स्वयं को योग्य, सुंदर या प्रेम के योग्य नहीं मानते। वे जीवन में सुंदर चीज़ों के पात्र होने की भावना खो देते हैं। हीरे की पूरी चमक उनके लिए एक अलग प्रकार का प्रतीक बन सकती है–कि जीवन में सुंदरता और सम्मान केवल दूसरों के लिए नहीं, मेरे लिए भी है। यह बात मनोवैज्ञानिक दृष्टि से बहुत सूक्ष्म है, लेकिन गहरी है। कई बार मनुष्य बाहर वही धारण करता है जो भीतर जागना चाहता है।

धारण-विधि की बात करें तो परंपरा में हीरे को सामान्यतः चाँदी, सफेद सोने या प्लेटिनम जैसी धातुओं में जड़ने का चलन अधिक रहा है, हालाँकि पारंपरिक भारतीय संदर्भों में सोना भी उपयोग होता है। ज्योतिषीय रूप से बहुत लोग इसे अनामिका या मध्यमा में धारण करने की चर्चा करते हैं, पर यह मतभेदों वाला क्षेत्र है, इसलिए व्यक्तिगत सलाह को महत्व दिया जाता है। शुक्रवार का दिन, शुक्र से जुड़ी शुद्धि-विधि, और शुक्र मंत्र के साथ धारण करना पारंपरिक रूप से अच्छा माना जाता है। कुछ लोग इसे दूध, गंगाजल, शहद आदि से शुद्ध करके धारण करते हैं।

मंत्रों में सामान्यतः "ॐ शुक्राय नमः" या "ॐ द्रां द्रीं द्रौं सः शुक्राय नमः" जैसे मंत्र बोले जाते हैं। लेकिन यहाँ भी मुख्य बात वही है जो बाकी रत्नों में है–धारण करते समय मन में स्पष्टता हो। अगर कोई व्यक्ति हीरा केवल दिखावे के लिए ले रहा है, तो वह एक बात है। अगर वह इसे इस भावना से धारण कर रहा है कि जीवन में प्रेम, कोमलता, सुंदरता, संतुलित सुख और माधुर्य आए, तो उसका मानसिक संबंध अलग होगा। यही बात किसी भी रत्न को अधिक अर्थपूर्ण बनाती है।

अब एक बड़ी सावधानी की बात। हीरा सबके लिए नहीं माना जाता। शुक्र का स्वभाव कोमल और आकर्षक है, लेकिन यदि किसी व्यक्ति के जीवन में शुक्र का पक्ष पहले से ही असंतुलित रूप में चल रहा हो–जैसे अत्यधिक भोग-वृत्ति, संबंधों में उलझन, दिखावा, फ़िज़ूलखर्ची, बाहरी आकर्षण के पीछे भागना–तो बिना सोचे हीरा पहनना बुद्धिमानी नहीं मानी जाती। कुछ लोग चमक देखकर हीरे की ओर दौड़ते हैं, लेकिन चमक हमेशा उपयुक्तता का प्रमाण नहीं होती। इसी वजह से समझदार परंपरा हीरे को बहुत सुंदर मानती है, पर हल्के में नहीं लेती।

एक और भ्रम यह है कि हीरा जितना बड़ा होगा, उतना अच्छा होगा। यह बात बाजार में चल सकती है, पर रत्न शास्त्र में केवल आकार से बात पूरी नहीं होती। पत्थर की गुणवत्ता, स्पष्टता, प्राकृतिकता, उपयुक्तता और व्यक्ति का उद्देश्य–सब महत्त्वपूर्ण हैं। कई बार लोग बहुत बड़ा लेकिन कमजोर या संदिग्ध पत्थर ले लेते हैं, जबकि छोटा पर अच्छा पत्थर अधिक संतोषदायक हो सकता है। फिर भी, हीरे के मामले में यह भी सच है कि अच्छे प्राकृतिक हीरे का खर्च बहुत अधिक

हो सकता है। इसलिए बजट और उद्देश्य दोनों के अनुसार सोच-समझकर निर्णय लेना चाहिए।

हीरे के बारे में कई मिथक भी बहुत फैले हुए हैं। कोई कहता है यह पहनते ही व्यक्ति अमीर हो जाता है। कोई कहता है इससे प्रेम विवाह हो जाता है। कोई कहता है कि हीरा पहनने से हर कोई आपकी तरफ आकर्षित होगा। कोई कहता है कि यह केवल स्त्रियों का रत्न है। सच्चाई यह है कि हीरा इन बातों से कहीं अधिक सूक्ष्म रत्न है। हाँ, यह सौंदर्य, आकर्षण और शुक्र के गुणों का प्रतीक जरूर है, लेकिन यह कोई फिल्मी चमत्कार नहीं करता। यह रत्न जीवन में सुंदरता और संबंधों के प्रति सजगता का एक प्रतीक बन सकता है, पर वह व्यक्ति के व्यवहार, संस्कार और चुनावों की जगह नहीं ले सकता।

पुरुषों के संदर्भ में भी हीरा उतना ही अर्थपूर्ण हो सकता है। बहुत-से लोग गलतफहमी में रहते हैं कि हीरा केवल महिलाओं के लिए है, क्योंकि वह आभूषणों में अधिक दिखाई देता है। लेकिन शुक्र के गुण—सौंदर्यबोध, संबंधों की मधुरता, व्यक्तित्व का आकर्षण, जीवन में रस—ये केवल स्त्रियों तक सीमित नहीं। पुरुष भी इन्हीं गुणों से समृद्ध हो सकते हैं और होते हैं। इसलिए हीरे को केवल फैशन की स्त्री-केंद्रित वस्तु मानना उसकी परंपरागत और मनोवैज्ञानिक महत्ता को सीमित कर देना होगा।

अगर हीरे को एक मानवीय वाक्य में समझें, तो वह जैसे कहता है—"जीवन में सुंदरता के लिए भी जगह रखो।" आज की दुनिया में यह बात जितनी सरल लगती है, उतनी है नहीं। बहुत-से लोग जीवन को केवल काम, लक्ष्य और चिंता तक सीमित कर देते हैं। धीरे-धीरे भीतर का रस सूख जाता है। हीरा उस सूखेपन के खिलाफ खड़ा रत्न है। वह हमें याद दिलाता है कि परिष्कार, प्रेम, सुंदरता, सौम्यता और आनंद भी मनुष्य के जीवन का हिस्सा हैं। यही उसका असली अर्थ है।

सीधी बात यह है कि हीरा भारतीय रत्न परंपरा में शुक्र का सबसे चमकदार प्रतीक है। इसमें बाहरी प्रकाश भी है और भीतर की चाह भी। यह रत्न केवल वैभव नहीं, माधुर्य भी दर्शाता है। केवल कीमत नहीं, जीवन की गुणवत्ता का प्रतीक भी है। लेकिन इसे समझने के लिए चमक से आगे जाना पड़ता है। तभी पता चलता है कि हीरा केवल सबसे

कठोर रत्नों में से एक नहीं, बल्कि सबसे गहरे मानवीय प्रतीकों में से भी एक है।

अब हीरे के बाद हम उस रत्न की ओर बढ़ेंगे जिसके नाम में जितना आकर्षण है, उतनी ही सावधानी भी—नीलम। इसे शनि का रत्न माना जाता है, और इसके बारे में जितनी कहानियाँ कही जाती हैं, शायद ही किसी और रत्न के बारे में कही जाती हों। इसमें गहराई है, अनुशासन है, न्याय है, कर्म है, और साथ ही बहुत-सी आशंकाएँ भी जुड़ी हैं। अब आगे हम नीलम को विस्तार से समझेंगे।

***

अध्याय 11

नीलम

नीलम का नाम आते ही लोग केवल एक रत्न के बारे में नहीं सोचते, बल्कि उससे जुड़ी कहानियाँ भी याद करते हैं। शायद किसी और रत्न के हिस्से इतना आकर्षण, उतनी आशंका और उतना सम्मान एक साथ नहीं आया जितना नीलम के साथ जुड़ा है।

नीलम का नीला रंग उसकी छवि को और गहरा बनाता है। उसमें ठंडक, गहराई, दूरी, अनुशासन और रहस्य का भाव होता है। वह माणिक्य की तरह गर्म नहीं, मोती की तरह कोमल नहीं, पन्ने की तरह ताज़ा नहीं। उसका स्वभाव अलग महसूस होता है, जैसे समुद्र की गहराई या सांझ के बाद का आकाश। शायद इसी कारण इसे शनि से जोड़ा गया, जिसे जीवन के गंभीर और निर्णायक पक्षों का ग्रह माना गया।शनि का नाम सुनते ही अक्सर डर आता है, लेकिन उसे समझना जरूरी है। शनि केवल कष्ट का नहीं, बल्कि कर्म, अनुशासन, धैर्य, जिम्मेदारी, समय और न्याय का ग्रह है। वह दिखावे से प्रभावित नहीं होता और व्यक्ति को वास्तविकता से सामना कराता है। वह मेहनत का मूल्य सिखाता है और कई बार कठिन परिस्थितियों के माध्यम से व्यक्ति को मजबूत बनाता है। इसलिए नीलम को डर से नहीं, बल्कि गंभीर सम्मान से समझना चाहिए।

सीधी भाषा में, नीलम उन स्थितियों से जुड़ा है जहाँ व्यक्ति को परिपक्व बनना पड़ता है। जब जीवन जिम्मेदारी से चलता है, जब मेहनत करनी पड़ती है, जब परिणाम देर से मिलते हैं, और जब व्यक्ति को वास्तविकता स्वीकार करनी पड़ती है। यही शनि का क्षेत्र है, और

नीलम को इसी संदर्भ में देखा जाता है। इसे केवल भाग्य बदलने वाला रत्न मानना इसकी गहराई को कम कर देता है।नीलम के बारे में यह धारणा भी है कि इसका प्रभाव तेज़ होता है। कुछ लोग इसे सकारात्मक अनुभव बताते हैं, कुछ डरावना। लेकिन हर अनुभव एक जैसा नहीं होता। व्यक्ति का मन, परिस्थिति, विश्वास और जीवन की स्थिति सब मिलकर अनुभव बनाते हैं। इसी कारण परंपरा में इसे पहनने से पहले सोचने और परखने की सलाह दी गई।

लोग नीलम से डरते क्यों हैं? इसका कारण शनि की छवि है। बहुत लोग शनि को केवल बाधा और दुख से जोड़ते हैं, जबकि उसका सकारात्मक पक्ष भी उतना ही बड़ा है। मेहनती, जिम्मेदार और धैर्यवान व्यक्ति के लिए शनि उन्नति और स्थिरता का कारण बन सकता है। इसलिए नीलम को कई लोग पेशेवर मजबूती और ठोस प्रगति से जोड़ते हैं। यह बिना मेहनत की कृपा का नहीं, बल्कि कर्म के अनुसार फल का प्रतीक माना गया है।

यदि अन्य रत्नों को गुणों से जोड़ें, तो नीलम को जीवन की सच्चाई और उससे मिलने वाली शक्ति का रत्न कहा जा सकता है। यह व्यक्ति को सजाता कम है, गढ़ता अधिक है। जैसे लोहे को आकार देने के लिए प्रक्रिया से गुजरना पड़ता है, वैसे ही शनि व्यक्ति को मजबूत बनाता है।बहुत-से लोग नीलम की ओर तब आकर्षित होते हैं जब उन्हें स्थिरता चाहिए। जब मेहनत के बावजूद बिखराव हो, जब निर्णय गलत हों, जब जिम्मेदारी से भागने की आदत हो, या जब जीवन की कठिनाइयों से व्यक्ति कमजोर पड़ने लगे। ऐसी स्थितियों में नीलम का प्रतीक अर्थपूर्ण लगता है। यह जैसे याद दिलाता है कि जीवन से भागने के बजाय उसे समझकर मजबूत बनना होगा।

शनि का संबंध कार्य, श्रम, न्याय, तकनीकी क्षेत्रों, संरचना और जिम्मेदारी से जोड़ा गया है। इसलिए इन क्षेत्रों में काम करने वाले लोग नीलम की ओर आकर्षित हो सकते हैं। हालांकि केवल पेशे से रत्न तय नहीं होता, लेकिन प्रतीक के स्तर पर इसका मेल स्पष्ट दिखता है।रूप की दृष्टि से नीलम का नीला रंग कई प्रकार का हो सकता है। अच्छा नीलम वह माना जाता है जिसमें रंग जीवंत हो, न बहुत हल्का न बहुत गहरा। उसमें ऐसी गहराई हो जो ध्यान खींचे, लेकिन भारी न लगे।बाजार में नीलम के नाम पर भ्रम बहुत है। काँच, सिंथेटिक या उपचारित पत्थरों

को भी नीलम कहकर बेचा जाता है। इसकी लोकप्रियता के कारण इसमें धोखा भी अधिक होता है। इसलिए इसे खरीदते समय विशेष सावधानी आवश्यक है।

परंपरा में इसे पहनने से पहले परीक्षण की सलाह दी गई है। कुछ लोग इसे थोड़े समय के लिए शरीर के पास रखकर देखते हैं। इसका उद्देश्य यह समझना है कि व्यक्ति इसके साथ सहज है या नहीं। लेकिन हर अनुभव को तुरंत रत्न से जोड़ देना भी सही नहीं।

क्या नीलम नुकसान कर सकता है? परंपरा में ऐसा कहा गया है, लेकिन हर अनुभव को नियम मानना उचित नहीं। कई बार व्यक्ति पहले से कठिन समय में होता है और हर घटना को नीलम से जोड़ देता है। वहीं कुछ लोग इसके साथ सकारात्मक परिवर्तन भी अनुभव करते हैं। इसलिए न तो अति-डर सही है, न अति-लालच।

शनि और नीलम की परंपरा में एक महत्वपूर्ण शब्द है न्याय। इसे कर्म के अनुसार फल देने वाला माना गया है। इसलिए नीलम को कई लोग ऐसा रत्न मानते हैं जो व्यक्ति को उसकी वास्तविक स्थिति से जोड़ता है।नीलम उन लोगों को भी आकर्षित करता है जो जीवन में गंभीर बदलाव चाहते हैं। जो जिम्मेदारी लेना चाहते हैं, अनुशासन अपनाना चाहते हैं और अपने जीवन को स्थिर दिशा देना चाहते हैं। परंपरा में इसे विशेष धातुओं में मध्यमा उँगली में धारण करने का उल्लेख मिलता है। शनिवार का दिन और शनि से जुड़े मंत्रों के साथ इसे पहनना भी प्रचलित है। यहाँ भाव और गंभीरता को अधिक महत्व दिया गया है।

“ॐ शं शनैश्चराय नमः” इसका प्रमुख मंत्र है। इसे धारण करते समय विनम्रता और सजगता का भाव उपयुक्त माना गया है।

एक मिथक यह है कि नीलम सबकुछ दे देगा या छीन लेगा। यह अतिशयोक्ति है। जीवन इतना सरल या नाटकीय नहीं होता। नीलम एक गंभीर रत्न है, जिसे समझ के साथ ही धारण करना चाहिए।

दूसरा मिथक यह है कि यह हमेशा अशुभ होता है। यह भी गलत है। सही संदर्भ में यह स्थिरता, अनुशासन और प्रगति का प्रतीक हो सकता है।

यदि इसे एक वाक्य में समझें, तो यह जैसे कहता है अपने कर्म के प्रति ईमानदार बनो।

पूरी चर्चा का सार यही है कि नीलम एक गहरा और गंभीर रत्न है। इसमें डर की कहानियाँ हैं, लेकिन उससे बड़ा उसका वास्तविक अर्थ है– अनुशासन, धैर्य, न्याय और ठोस उन्नति। इसे न डरकर ठुकराना चाहिए, न लालच में अपनाना, बल्कि समझ के साथ देखना चाहिए।

अब आगे हम गोमेद की ओर बढ़ते हैं, जो राहु का रत्न माना गया है और अपनी अलग ही जटिल दुनिया लिए हुए है।

***

अध्याय 12

गोमेद

गोमेद की चर्चा हमेशा थोड़ी अलग तरह से शुरू होती है, क्योंकि यह रत्न सीधी भाषा में नहीं खुलता। इसका रंग धुँधला-सा है, प्रभाव जटिल माना गया है, और इसके साथ जुड़ी जीवन-स्थितियाँ भी अक्सर स्पष्ट नहीं होतीं। अगर नीलम हमें अनुशासन और वास्तविकता की जमीन पर खड़ा करता है, तो गोमेद हमें उस क्षेत्र में ले जाता है जहाँ चीज़ें हमेशा साफ दिखाई नहीं देतीं। राहु को छाया ग्रह कहा गया—यानी वह ठोस रूप से नहीं, बल्कि प्रभाव के रूप में काम करता है। इसका संबंध महत्वाकांक्षा, असामान्य सोच, भ्रम, छल, विदेशी प्रभाव, अचानक उतार-चढ़ाव, अस्थिरता, सामाजिक छवि, असंतोष, डर, वहम, राजनीति और जटिल प्रवृत्तियों से जोड़ा गया है। इसलिए गोमेद भी वैसा ही माना गया—सीधा नहीं, लेकिन प्रभावशाली।

गोमेद का रंग भी इसी स्वभाव को दर्शाता है। इसमें शहद, धुआँ, चाय, गुड़ या पुराने काँच जैसी झलक मिलती है—न पूरी तरह पीला, न भूरा, न लाल, बल्कि इनके बीच का मिश्रित संसार। इसकी चमक तीखी नहीं होती, बल्कि भीतर से आती हुई लगती है, जैसे कुछ भीतर चल रहा हो।सीधी भाषा में देखें तो गोमेद उन स्थितियों से जोड़ा गया है जहाँ जीवन उलझा हुआ लगे—मन भटके, डर या असमंजस बढ़े, दिशा स्पष्ट न हो, काम बार-बार अटकें, बेचैनी बनी रहे या व्यक्ति भ्रम और सामाजिक दबाव में उलझ जाए। ऐसे समय में राहु की भाषा समझी जाती है, और वहीं गोमेद की चर्चा आती है।

राहु को "माया" या "धुंध" का ग्रह भी कहा गया–जहाँ चीज़ें कुछ और होती हैं और दिखती कुछ और हैं। व्यक्ति दौड़ता रहता है, पर स्पष्ट संतोष नहीं मिलता। आज के समय में यह स्थिति और आम है–सोशल मीडिया, तुलना, असुरक्षा और मानसिक शोर के कारण। इसी वजह से गोमेद की प्रासंगिकता आधुनिक जीवन से भी जुड़ जाती है।गोमेद के बारे में यह माना गया है कि यह भ्रम और मानसिक उलझन को संतुलित करने में सहायक हो सकता है–लेकिन केवल सही व्यक्ति और संदर्भ में। इसे चुनने वाले लोग अक्सर कहते हैं–मन भटकता है, निर्णय स्पष्ट नहीं होते, डर बना रहता है, या जीवन में धुंध-सी है।

लेकिन यहाँ सबसे बड़ी सावधानी है–गोमेद हल्के में पहनने वाला रत्न नहीं है। केवल सुनकर या डर में पहन लेना सही नहीं। राहु की जटिलता को समझे बिना इसे धारण करना उल्टा मानसिक भ्रम बढ़ा सकता है। इसलिए इसमें सजगता और सही परामर्श आवश्यक है।परंपरा के अनुसार गोमेद तब उपयोगी माना गया जब राहु किसी रूप में सक्रिय हो और व्यक्ति को मानसिक स्पष्टता या दिशा की जरूरत हो। सरल भाषा में–जब व्यक्ति को अपनी ऊर्जा संभालनी हो, भ्रम से बाहर आना हो और जटिल परिस्थितियों में स्थिर रहना हो। राहु केवल भ्रम नहीं, बल्कि रणनीति, आधुनिक सोच और असामान्य बुद्धि से भी जुड़ा है, इसलिए गोमेद का अर्थ केवल बचाव नहीं, दिशा भी हो सकता है।

इसी कारण कुछ लोग इसे ऐसे रत्न की तरह देखते हैं जो जटिल परिस्थितियों में मानसिक फोकस दे सकता है–जहाँ सामान्य रास्ते काम न आएँ और परिस्थितियाँ तेज़, प्रतिस्पर्धी या रणनीतिक हों।राहु का संबंध विदेशी प्रभाव, तकनीक, मीडिया, छवि और तेज़ बदलाव से भी जोड़ा गया है। इसलिए कुछ आधुनिक पेशों में यह प्रतीक अर्थपूर्ण लग सकता है, लेकिन इसका मतलब यह नहीं कि हर ऐसे व्यक्ति को गोमेद पहनना चाहिए।

गोमेद को डर और वहम से भी जोड़ा गया है। जो लोग हर बात में शक, तनाव या नकारात्मक कल्पना में उलझते हैं, उनके संदर्भ में भी राहु की चर्चा होती है। लेकिन ऐसी स्थिति में केवल रत्न पर्याप्त नहीं–जीवनशैली, मानसिक स्वास्थ्य और व्यवहार भी उतने ही जरूरी हैं।राहु का एक विरोधाभास है–वह भ्रम भी देता है और गहरी समझ भी।

आकर्षण में फँसाता है, लेकिन जागरूकता भी सिखाता है। गोमेद इसी द्वंद्व का प्रतीक माना जाता है–जटिलता के बीच स्पष्टता।

भौतिक रूप से गोमेद को हेसोनाइट गार्नेट कहा जाता है। अच्छा गोमेद शहद या दालचीनी जैसा गर्म, हल्का भूरा-पीला-नारंगी रंग लिए होता है, जिसमें भीतर की जीवंतता दिखे। बहुत फीका या मरा हुआ पत्थर प्रभावहीन लगता है।बाजार में इसके नाम पर भी भ्रम होता है–कम गुणवत्ता, काँच या अन्य पत्थर गोमेद बताकर बेचे जा सकते हैं। इसलिए विश्वसनीय स्रोत और सही जानकारी जरूरी है।इसके प्रभाव को लेकर अनुभव अलग-अलग हैं–कुछ लोगों को मानसिक स्थिरता महसूस होती है, कुछ को कोई खास अंतर नहीं लगता, और कुछ लोग डर के कारण हर घटना को इससे जोड़ देते हैं। इसलिए संतुलन जरूरी है।

परंपरा में भी गोमेद को सामान्य रत्न नहीं माना गया। यह हर किसी के लिए नहीं, बल्कि विशेष परिस्थितियों के लिए है। इसलिए इसे बिना स्पष्ट कारण के नहीं पहनना चाहिए।

धारण-विधि में पंचधातु या चाँदी, और उँगली या समय के अलग-अलग मत मिलते हैं। लेकिन सबसे महत्वपूर्ण बात यही है–स्पष्ट उद्देश्य के साथ ही धारण किया जाए।मंत्र रूप में "ॐ राहवे नमः" या "ॐ भ्रां भ्रीं भ्रौं सः राहवे नमः" बोले जाते हैं, पर असली महत्व भाव का है। भय में पहना गया रत्न भय बढ़ा सकता है, जबकि समझ के साथ धारण किया गया रत्न अलग अनुभव देता है।गोमेद को लेकर कई मिथक भी हैं–अचानक धन, शत्रु नाश, चमत्कारी परिणाम। ये बातें आकर्षक हैं, पर वास्तविकता अधिक सूक्ष्म है। यह रत्न चमत्कार नहीं, बल्कि जटिल परिस्थितियों से जुड़ा प्रतीक है।

एक आम गलती यह भी है कि हर समस्या को राहु मान लेना। जीवन की कई समस्याएँ साधारण कारणों से होती हैं–स्वास्थ्य, आदत, तनाव या परिस्थितियाँ। हर समस्या का समाधान गोमेद नहीं।अगर इसे एक सरल वाक्य में समझें– गोमेद जैसे कहता है, "धुंध में भी अपना केंद्र मत खोओ।" समग्र रूप से यह एक विशिष्ट और सावधानी से समझा जाने वाला रत्न है। इसका संबंध राहु की जटिल दुनिया से है–जहाँ भ्रम भी है और गहरी समझ की संभावना भी। इसलिए इसे न डरकर ठुकराना

चाहिए, न लालच में अपनाना—बल्कि संतुलन और समझ के साथ देखना चाहिए।अब आगे हम लहसुनिया की ओर बढ़ते हैं—केतु का रत्न, जो और भी सूक्ष्म और आंतरिक स्तर से जुड़ा माना गया है।

***

अध्याय 13

लहसुनिया

लहसुनिया उन रत्नों में है जिन्हें समझने के लिए केवल देखना काफी नहीं, ठहरकर महसूस करना पड़ता है। उसकी सतह पर चलती हुई "आँख" जैसी रेखा उसे साधारण आभूषणों से अलग कर देती है और उसे सजगता, सूक्ष्मता और रहस्य से जोड़ती है। अगर गोमेद राहु की धुंध है, तो लहसुनिया केतु की गहराई है। राहु बाहर की दुनिया में उलझाता है, केतु भीतर की ओर खींचता है। राहु आकांक्षा जगाता है, केतु विरक्ति ला सकता है। राहु छवि में उलझाता है, केतु कहता है–जो पीछे छिपा है, उसे देखो। राहु पकड़ना चाहता है, केतु छोड़ना सिखाता है। इसलिए लहसुनिया को "अच्छा" या "बुरा" कहकर नहीं समझा जा सकता। यह उन लोगों से जुड़ता है जो भीतर से जटिल अनुभवों से गुजर रहे हों।

इसके रूप में सबसे खास बात है इसकी "आँख"। इसे अंग्रेज़ी में कैट्स आई कहा जाता है, क्योंकि इसमें एक चलती हुई प्रकाश-रेखा दिखाई देती है। पत्थर को घुमाने पर यह रेखा भी साथ चलती दिखती है, जो इसे अलग और आकर्षक बनाती है। रंग धूसर, शहदिया, हरेपन लिए या पीले-भूरे हो सकते हैं, लेकिन इसकी पहचान यही प्रभाव है।यही "आँख" इसे सतर्कता और सुरक्षा के प्रतीक से जोड़ती है। लोकमान्यता में इसे अदृश्य बाधाओं से बचाव, अचानक हानि से रक्षा और भीतर की सजगता से जोड़ा गया। इसे चमत्कारिक रूप में नहीं, बल्कि "जागे रहने" के प्रतीक के रूप में समझना अधिक उचित है।

केतु से जुड़े अर्थ भी इसी दिशा में जाते हैं–वैराग्य, अध्यात्म, कटाव, सूक्ष्म बुद्धि, अदृश्य डर, गहराई और भीतर की दृष्टि। इसका

एक ऊँचा पक्ष है–आध्यात्मिकता और अंतर्दृष्टि; और एक चुनौतीपूर्ण पक्ष–अचानक अलगाव और अस्थिरता।इसी कारण लहसुनिया की चर्चा विशेष परिस्थितियों में होती है–जब व्यक्ति बिना स्पष्ट कारण के बेचैन हो, अनजाना डर बना रहे, जीवन में अचानक कटाव आए, या भीतर से खालीपन महसूस हो। यह रत्न उन स्थितियों से जुड़ता है जहाँ बाहरी जीवन ठीक दिखे, पर भीतर असंतुलन हो।लेकिन सबसे महत्वपूर्ण सावधानी–लहसुनिया जिज्ञासा में पहनने वाला रत्न नहीं है। यह फैशन नहीं, गंभीर चयन है। केतु की प्रकृति सूक्ष्म और तीक्ष्ण मानी गई, इसलिए इसका रत्न भी सावधानी मांगता है।

साधारण भाषा में देखें तो यह उन लोगों को आकर्षित करता है जो भीतर से संवेदनशील हैं, अनजाने डर से जूझते हैं, जीवन में कटाव देख चुके हैं, या गहराई से सोचने और समझने की प्रवृत्ति रखते हैं।केतु को कभी-कभी तीक्ष्ण फोकस से भी जोड़ा गया है। जहाँ राहु बिखेर सकता है, वहीं केतु केंद्रित कर सकता है। इसलिए कुछ लोग लहसुनिया को ध्यान, शोध, सूक्ष्म समझ और आंतरिक साधना से भी जोड़ते हैं–हालाँकि यह हर किसी पर लागू नहीं होता।फिर भी यह याद रखना जरूरी है कि यह रत्न हल्का नहीं है। जिन लोगों की मानसिक स्थिति पहले से अस्थिर हो, उन्हें ऐसे रत्नों में अधिक सावधानी रखनी चाहिए। कई बार समस्या रत्न नहीं, व्यक्ति की चिंता-प्रवृत्ति होती है। इसलिए पहले यह देखना जरूरी है कि वास्तविक कारण क्या है। हर बेचैनी के पीछे केतु नहीं होता।

लोकजीवन में इसे सुरक्षा-कवच की तरह भी देखा गया–अचानक हानि, छिपी बाधा या अदृश्य डर से बचाव के रूप में। इसकी "आँख" जैसी छवि इस प्रतीक को और मजबूत करती है–जैसे वह सतर्क रहने की याद दिलाता हो।मनोवैज्ञानिक दृष्टि से देखें तो यह एक गहरे संक्रमण के समय का प्रतीक हो सकता है–जब पुराना छूट रहा हो और नया अभी बना न हो। ऐसे समय में यह भीतर के केंद्र को बनाए रखने की याद दिला सकता है।भौतिक रूप से, अच्छा लहसुनिया वही माना जाता है जिसमें "कैट्स आई" प्रभाव स्पष्ट हो, पत्थर जीवंत लगे और बहुत मटमैला न हो। रेखा का साफ चलना इसकी गुणवत्ता का संकेत है।बाजार में इसके नाम पर भी भ्रम होता है–नकली या कम गुणवत्ता वाले पत्थर भी बेचे जाते हैं। इसलिए विश्वसनीय स्रोत आवश्यक है, खासकर क्योंकि इसे पहनने वाले लोग अक्सर पहले से संवेदनशील स्थिति में होते हैं।

"सूट" करने के संदर्भ में परंपरा में परीक्षण की बात कही गई–कुछ समय तक पास रखकर देखना आदि। लेकिन हर अनुभव को रत्न से जोड़ना भी सही नहीं। डर पहले से हो, तो बिना रत्न के भी वही अनुभव हो सकता है।केतु का सकारात्मक पक्ष आध्यात्मिक उन्नति से जुड़ा है। ध्यान, साधना या आंतरिक खोज में लगे लोगों के लिए यह गहराई और एकाग्रता का प्रतीक बन सकता है। लेकिन यह किसी साधना का विकल्प नहीं।कुछ मान्यताओं में इसे हानि, शत्रुता या अनिश्चितता से रक्षा से भी जोड़ा गया, लेकिन हर समस्या को रत्न से जोड़ना उचित नहीं। जीवन की वास्तविक समस्याओं के समाधान अलग होते हैं।

धारण-विधि में चाँदी या पंचधातु का उल्लेख मिलता है, और उँगली या समय के अलग-अलग मत हैं। लेकिन यहाँ विधि से अधिक उद्देश्य महत्वपूर्ण है।मंत्र रूप में "ॐ केतवे नमः" या "ॐ स्त्रां स्त्रीं स्त्रौं सः केतवे नमः" कहा जाता है। कुछ लोग गणेश स्मरण के साथ भी धारण करते हैं। यह प्रतीकात्मक जुड़ाव इसे दिशा देने वाला बनाता है, केवल डर का नहीं।

मिथकों में इसे चमत्कारी शक्ति देने वाला बताया जाता है–दुश्मन खत्म, तुरंत सुरक्षा आदि। ये अतिशयोक्ति हैं। यह रत्न सीमाओं के भीतर ही समझा जाना चाहिए।एक और मिथक है कि यह केवल साधुओं के लिए है। यह पूरी तरह सही नहीं, लेकिन यह भी सही है कि यह सामान्य फैशन रत्न नहीं है। इसका स्थान बीच में है–गंभीर और विशिष्ट।

अगर इसे एक वाक्य में समझें–यह जैसे कहता है, "जो दिखाई नहीं देता, उससे भी सजग रहो।"

जीवन में कई प्रभाव अदृश्य होते हैं–भीतर का डर, असुरक्षा, कटाव, या दिशा की कमी। लहसुनिया इन्हीं पर ध्यान दिलाता है।सार यह है कि यह एक सूक्ष्म, रहस्यमय और विशिष्ट रत्न है, जिसे हर किसी के लिए नहीं बल्कि खास स्थितियों में समझना चाहिए। इसमें सुरक्षा, वैराग्य, सूक्ष्म दृष्टि और आंतरिक चेतना का भाव है। लेकिन इसे डर या जिज्ञासा में नहीं, समझ और संतुलन के साथ ही धारण करना चाहिए।अब आगे हम उपरत्नों और व्यावहारिक विकल्पों की ओर बढ़ेंगे, क्योंकि हर व्यक्ति महंगे रत्न नहीं ले सकता।

***

अध्याय 14

उपरत्न और कम मूल्य वाले उपयोगी रत्न

रत्नों के विषय में एक व्यावहारिक प्रश्न जल्दी सामने आता है—क्या हर अच्छी चीज़ महंगी ही होगी? यहीं उपरत्नों की दुनिया शुरू होती है। यह उन लोगों के लिए महत्त्वपूर्ण है जो अर्थ, प्रतीक और उपयोग चाहते हैं, लेकिन अत्यधिक खर्च या दिखावे के बिना।

भारतीय रत्न परंपरा केवल धनी लोगों तक सीमित नहीं रही। हमेशा यह समझ रही कि हर उपाय व्यक्ति की क्षमता के अनुसार होना चाहिए। हर कोई महंगा, उच्च गुणवत्ता वाला रत्न नहीं ले सकता। कोई छात्र है, कोई नई नौकरी में है, कोई परिवार की जिम्मेदारियों में, कोई सीमित साधनों में भी आस्था रखना चाहता है। ऐसे लोगों के लिए उपरत्नों की परंपरा विकसित हुई।

उपरत्न क्या हैं? सरल भाषा में—मुख्य रत्नों के विकल्प के रूप में माने जाने वाले पत्थर। ये सामान्यतः कम महंगे, अधिक उपलब्ध और अपेक्षाकृत सौम्य माने जाते हैं। यह जरूरी नहीं कि वे हर स्थिति में मुख्य रत्न का पूरा विकल्प हों, लेकिन व्यावहारिक जीवन में बहुत-से लोग इन्हें उपयोगी मानते हैं—खासकर तब जब उद्देश्य प्रतीक, रंग या जुड़ाव हो।

यहाँ एक संतुलन जरूरी है। कुछ लोग उपरत्नों को बेकार कह देते हैं, और कुछ उन्हें चमत्कारी बता देते हैं। दोनों अतिशयोक्ति हैं। सच्चाई

यह है कि उनका अपना स्थान है–हल्के, सुलभ और कम दबाव वाले विकल्प के रूप में। लेकिन उनसे अवास्तविक अपेक्षाएँ रखना ठीक नहीं।

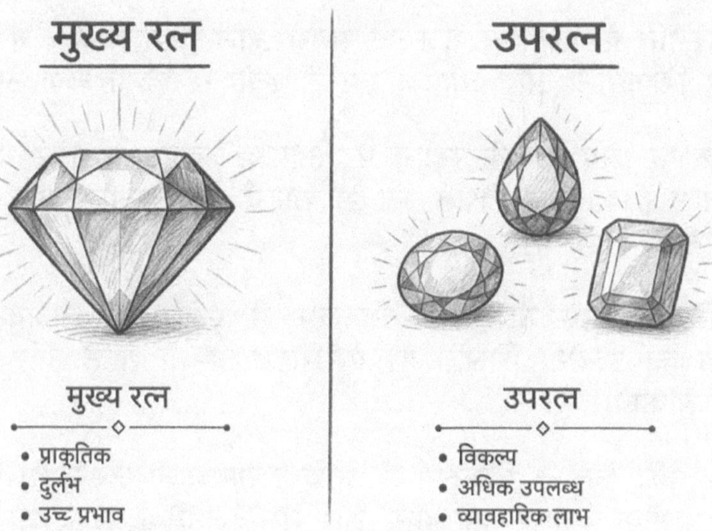

हर व्यक्ति रत्न केवल ज्योतिषीय कारण से नहीं पहनता। कई लोग रंग और भावना से जुड़ते हैं–पीला आत्मविश्वास देता है, हरा ताजगी, सफेद शांति, लाल साहस। इसलिए बहुत-से लोग मुख्य रत्न की जगह उपरत्न चुनते हैं। हर आस्था को महंगे रूप की आवश्यकता नहीं होती।

अब कुछ प्रमुख उदाहरण–

सूर्य के लिए माणिक्य के स्थान पर लालड़ी, स्पिनेल या अन्य लाल पत्थर देखे जाते हैं। ये पूर्ण विकल्प नहीं, लेकिन लाल रंग और आत्मबल के प्रतीक के रूप में उपयोग किए जाते हैं।

चंद्रमा के लिए चंद्रकांत मणि (मूनस्टोन) बहुत लोकप्रिय है। इसकी दूधिया चमक और कोमलता इसे मोती का सुलभ विकल्प बनाती है।

मंगल के लिए मूंगे के स्थान पर लाल अकीक या कार्नेलियन अपनाए जाते हैं। ये ज्योतिषीय दबाव से कम और ऊर्जा व सक्रियता के प्रतीक के रूप में अधिक उपयोग होते हैं।

बुध के लिए पन्ने के स्थान पर पेरिडॉट, ग्रीन टूरमलीन या हरा ओनिक्स आम हैं। हरा ओनिक्स विशेष रूप से लोकप्रिय है, लेकिन हर हरा पत्थर पन्ना नहीं होता–यह याद रखना जरूरी है।

बृहस्पति के लिए पुखराज का सबसे आम विकल्प सिट्रीन या सुनैला है। यह किफायती और व्यापक रूप से स्वीकार किया गया उपरत्न है।

शुक्र के लिए हीरे के स्थान पर ओपल, व्हाइट सफायर या ज़िरकन देखे जाते हैं। ओपल विशेष रूप से सौंदर्य और कलात्मकता के कारण पसंद किया जाता है।

शनि के लिए नीलम के विकल्प में ऐमेथिस्ट, लाजवर्त या ब्लू स्पिनेल का उल्लेख मिलता है। ऐमेथिस्ट अपनी शांति और गहराई के कारण लोकप्रिय है।

राहु और केतु के विकल्पों में अधिक सावधानी जरूरी है। यहाँ केवल रंग या प्रतीक पर्याप्त नहीं होते, और मनोवैज्ञानिक प्रभाव भी अधिक हो सकता है। ऐसे पत्थरों को हल्के उपयोग तक ही सीमित रखना बेहतर होता है जब तक स्पष्ट समझ न हो।उपरत्नों की सबसे बड़ी विशेषताएँ हैं–वे किफायती हैं, मानसिक दबाव कम रखते हैं, और रत्न धारण की परंपरा में सरल प्रवेश देते हैं। वे सौंदर्य और आस्था के बीच संतुलन बनाते हैं और आम व्यक्ति को इस परंपरा से जुड़ने का अवसर देते हैं।

लेकिन सीमाएँ भी स्पष्ट हैं। उपरत्नों को मुख्य रत्न का सस्ता जादुई विकल्प मानना गलत है। वे विकल्प हैं, पूर्ण प्रतिस्थापन नहीं।

कम मूल्य का मतलब कम मूल्यवान होना नहीं है। चंद्रकांत मणि, ओपल, ऐमेथिस्ट, सिट्रीन, कार्नेलियन, पेरिडॉट–इन सबकी अपनी पहचान है। कई लोग इनके साथ अधिक सहज भी महसूस करते हैं, क्योंकि इनमें डर और भारी अपेक्षाएँ कम होती हैं।उपरत्न शुरुआत के लिए भी उपयोगी हो सकते हैं। जो व्यक्ति रत्नों में नया है, वह इनके माध्यम से समझ सकता है कि उसे क्या अच्छा लगता है और वह इस अनुभव को कैसे महसूस करता है।बाजार में एक बड़ी समस्या गलत नामों की है–ओनिक्स को पन्ना, सिट्रीन को पुखराज, ज़िरकोनिया को हीरा बताना। इसलिए सही सवाल पूछना जरूरी है,यह क्या है, प्राकृतिक है या नहीं, और इसका

उद्देश्य क्या है।व्यावहारिक रूप से देखें तो सीमित बजट वाले व्यक्ति के पास तीन विकल्प होते हैं–कम गुणवत्ता का मुख्य रत्न, नकली पत्थर, या एक अच्छा उपरत्न। इन तीनों में सबसे ईमानदार और संतुलित विकल्प अक्सर उपरत्न होता है।कई लोग उपरत्नों के साथ अधिक सहज रहते हैं, क्योंकि उनमें भारी अपेक्षाएँ नहीं होतीं। यह सहजता ही कई बार उनकी वास्तविक मदद बन जाती है।

कुछ उपरत्न आधुनिक मनोवैज्ञानिक और आध्यात्मिक दृष्टि से भी उपयोगी माने जाते हैं–ऐमेथिस्ट शांति से, रोज़ क्वार्ट्ज प्रेम से, कार्नेलियन ऊर्जा से, मूनस्टोन संवेदनशीलता से, टाइगर्स आई एकाग्रता से जोड़ा जाता है। यह दिखाता है कि रत्न केवल ग्रहों से नहीं, भावनाओं से भी जुड़े हैं।यहाँ संतुलन जरूरी है,अगर उपरत्न केवल प्रतीक या सौंदर्य के लिए पहना जा रहा है, तो सहज रहें। लेकिन अगर उसे गंभीर उपाय माना जा रहा है, तो समझ और सलाह जरूरी है।उपरत्न हमें एक महत्वपूर्ण बात सिखाते हैं-आस्था का मूल्य केवल कीमत से तय नहीं होता। कोई महंगा रत्न पहने या साधारण उपरत्न, महत्त्व इस बात का है कि वह उसे समझकर और ईमानदारी से धारण कर रहा है या नहीं।

यदि इस अध्याय को एक वाक्य में कहें–उपरत्न रत्न परंपरा का लोकतांत्रिक रूप हैं। वे इस ज्ञान को हर व्यक्ति तक पहुँचाते हैं।अंततः, वे हमें यह समझाते हैं कि रत्न केवल कीमत से नहीं, उद्देश्य और भावना से महत्त्वपूर्ण होते हैं।

अब अगला स्वाभाविक प्रश्न है–ये रत्न काम कैसे करते हैं? यही हम आगे समझेंगे।

***

अध्याय 15

रत्न कैसे काम करते हैं

रत्नों के बारे में सबसे कठिन और सबसे रोचक प्रश्न यही है कि वे काम कैसे करते हैं। यह प्रश्न केवल जिज्ञासा का नहीं, दृष्टि का भी है। उत्तर इस बात पर निर्भर करता है कि आप रत्न को खनिज मानकर देख रहे हैं, प्रतीक मानकर, या जीवन में अर्थ जगाने वाली वस्तु मानकर।

सबसे पहले एक बात साफ कर लें। रत्न कोई जादू की छड़ी नहीं हैं। अगर कोई आदमी कामचोर है, निर्णय गलत लेता है, लोगों से बुरा व्यवहार करता है, स्वास्थ्य का ध्यान नहीं रखता, मेहनत से बचता है, और फिर उम्मीद करता है कि एक रत्न उसकी जिंदगी बदल देगा, तो वह खुद को धोखा दे रहा है। रत्न, यदि काम करते हैं, तो वे जीवन की पूरी मशीनरी का केवल एक छोटा हिस्सा हो सकते हैं। वे दिशा दे सकते हैं, सहारा दे सकते हैं, मनोबल बढ़ा सकते हैं, प्रतीक बन सकते हैं, पर वे कर्म का स्थान नहीं ले सकते। यह बात जितनी जल्दी समझ ली जाए, उतना अच्छा।

अब पहला दृष्टिकोण है–**पारंपरिक ज्योतिषीय दृष्टि**। इस दृष्टि में माना गया कि ब्रह्मांड में ग्रहों, प्रकाश, रंगों और मनुष्य के बीच एक सूक्ष्म संबंध है। हर ग्रह की अपनी प्रकृति है, और हर रत्न उस ग्रह की ऊर्जा या प्रभाव का एक प्रतिनिधि माध्यम माना जाता है। सरल भाषा में लोग कहते हैं–रत्न उस ग्रह की सकारात्मक शक्ति को शरीर तक पहुँचाता है। अब इसे वैज्ञानिक यंत्र की तरह समझने की कोशिश करेंगे तो बात उलझ सकती है, क्योंकि यह परंपरा की भाषा है, प्रयोगशाला की नहीं। लेकिन इस परंपरा का मूल विचार यही है कि प्रकृति की कुछ

वस्तुएँ, विशेषकर दुर्लभ और विशिष्ट रत्न, ग्रहों से संबंधित सूक्ष्म प्रभावों को धारण करने और व्यक्ति तक पहुँचाने में सहायक होते हैं।

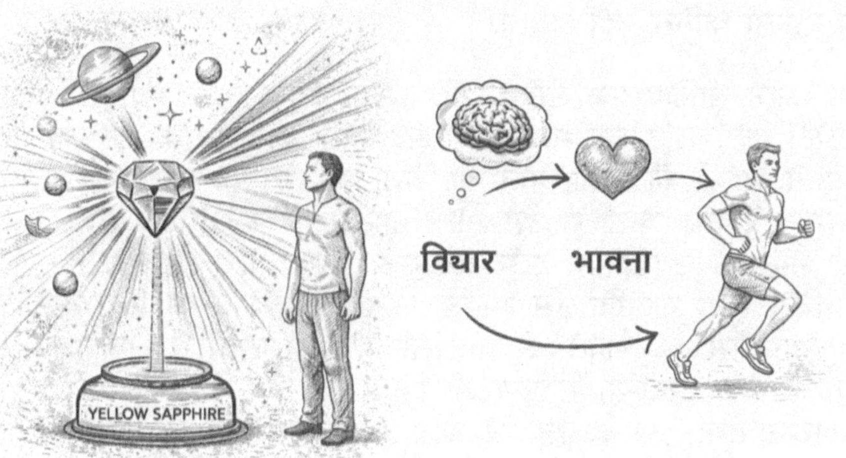

यहाँ "ऊर्जा" शब्द बहुत इस्तेमाल होता है, लेकिन यही शब्द सबसे ज़्यादा भ्रम भी पैदा करता है। कई लोग ऊर्जा सुनते ही बिजली, चुंबक या मशीन जैसी चीज़ सोचने लगते हैं। जबकि रत्न-परंपरा में ऊर्जा का अर्थ उससे बहुत अलग और सूक्ष्म है। यहाँ ऊर्जा से मतलब प्रभाव, प्रवृत्ति, तरंग, कंपन या प्रकृति के गुण से है। जैसे हम कहते हैं कि किसी घर में बहुत शांत ऊर्जा है, या किसी व्यक्ति की उपस्थिति बहुत भारी लगती है, या किसी मंदिर में पहुँचते ही मन स्थिर हो जाता है। इन बातों को हर बार मापना आसान नहीं, पर अनुभव करना बहुत लोग स्वीकार करते हैं। रत्नों के बारे में भी परंपरा कुछ वैसी ही बात करती है।

दूसरा दृष्टिकोण है–**रंग और मन का संबंध**। यह भाग थोड़ा अधिक समझ में आने वाला है, क्योंकि हर व्यक्ति अपने जीवन में रंगों के असर को महसूस करता है। अस्पतालों में हल्के रंग, ध्यान-कक्षों में शांत रंग, उत्सव में चमकीले रंग, विवाह में लाल-पीला, शोक में सफेद या सादा–रंग केवल देखने की चीज़ नहीं, मन पर असर डालने वाली चीज़ भी हैं। लाल रंग सक्रियता, साहस और चेतना जगाता है। सफेद रंग शांति

और स्वच्छता का एहसास देता है। हरा संतुलन और ताजगी का। पीला आशा और विस्तार का। नीला गहराई और अनुशासन का। अब अगर हम देखें कि माणिक्य लाल है, मोती सफेद है, पन्ना हरा है, पुखराज पीला है, नीलम नीला है—तो कम-से-कम मनोवैज्ञानिक स्तर पर इनका प्रभाव समझना कठिन नहीं लगता।

मान लीजिए एक महिला थी, हमेशा बेचैन रहती थी। घर की छोटी-छोटी बातों से उसका मन जल्दी भर जाता था। रात को देर तक सोचती रहती, बच्चों की चिंता, पति की चिंता, भविष्य की चिंता, सब दिमाग में घूमता रहता। किसी ने उसे मोती पहनने की सलाह दी। अब हो सकता है मोती ने ज्योतिषीय स्तर पर कुछ किया हो, हो सकता है नहीं भी। लेकिन हुआ यह कि उस महिला ने पहली बार अपने लिए कुछ धारण किया जिसे वह "शांति" से जोड़ रही थी। उसने उसे सोमवार को पहनते समय एक छोटा-सा संकल्प भी किया कि अब मैं अपने मन को थोड़ा आराम दूँगी। उसने रात को चाय कम की, सोने से पहले फोन कम देखा, और मोती को देख-देखकर खुद को याद दिलाया कि मुझे शांत रहना है। कुछ महीनों बाद वह कहती है—"मोती पहनने से मुझे बहुत फर्क पड़ा।" अब यह फर्क केवल रत्न का था, या रंग, विश्वास, संकल्प और जीवनशैली के छोटे बदलावों का मेल था? शायद सबका। और यही समझने वाली बात है।

तीसरा दृष्टिकोण है—**प्रतीक का प्रभाव**। मनुष्य केवल तर्क से नहीं जीता, प्रतीकों से भी जीता है। कोई अपनी माँ की दी हुई अंगूठी पहनता है और उसे आत्मबल मिलता है। कोई सैनिक एक छोटा-सा ताबीज लेकर मैदान में जाता है। कोई विद्यार्थी अपना भाग्यशाली पेन साथ रखता है। कोई साधक रुद्राक्ष धारण करता है। ये सब चीज़ें सिर्फ़ वस्तुएँ नहीं रहतीं, ये भीतर के भाव को जगाने वाली निशानियाँ बन जाती हैं। रत्न भी अक्सर यही काम करते हैं। माणिक्य किसी को याद दिलाता है—"अपनी गरिमा मत भूलो।" मोती कहता है—"शांत रहो।" मूंगा कहता है—"डरो मत।" पन्ना जैसे कहता है—"सोच साफ रखो।" पुखराज कहता है—"सही दिशा चुनो।" नीलम कहता है—"अनुशासन रखो।" इस तरह रत्न मनुष्य के भीतर के भावों के लिए एक स्थायी स्मरण-पत्थर बन जाते हैं।

एक छोटा-सा उदाहरण और लीजिए। एक युवा लड़का इंटरव्यू में बार-बार असफल हो रहा था। पढ़ा-लिखा था, ज्ञान भी अच्छा था, लेकिन

इंटरव्यू रूम में जाते ही घबरा जाता। आवाज़ लड़खड़ा जाती, जवाब टूटने लगते। किसी पारिवारिक ज्योतिषी ने उसे माणिक्य नहीं, पन्ना सुझाया–कहा कि तुम्हें बोलने और सोचने में स्थिरता चाहिए। उसने पन्ना पहन लिया। अब पन्ना पहनते ही उसका चयन हो गया–ऐसा नहीं हुआ। लेकिन उसने उस दिन से तैयारी का ढंग बदला। रोज़ दर्पण के सामने बोलने लगा। अपने उत्तर लिखकर अभ्यास किया। अपने हाथ की अंगूठी देखकर खुद को याद दिलाता–“आराम से, सोचकर बोलना है।” तीन महीने बाद उसका चयन हो गया। अब वह कहता है–“पन्ने ने बहुत साथ दिया।” शायद सचमुच दिया। लेकिन कैसे? केवल पत्थर की वजह से? या पत्थर उसके अभ्यास और आत्म-विश्वास का केंद्र बन गया? यही असली प्रश्न है।

चौथा दृष्टिकोण है–**प्लेसीबो या मनोवैज्ञानिक सक्रियता**। कुछ लोग इस शब्द से चिढ़ जाते हैं, क्योंकि उन्हें लगता है कि इससे रत्न का महत्व कम हो गया। जबकि ऐसा नहीं है। मन का प्रभाव बहुत बड़ा प्रभाव होता है। अगर कोई चीज़ व्यक्ति को भरोसा देती है, मन में व्यवस्था लाती है, चिंता कम करती है, उसे नियमित और सजग बनाती है, तो वह असर छोटा नहीं है। आधुनिक मनोविज्ञान भी मानता है कि विश्वास, अपेक्षा और मानसिक तैयारी शरीर और व्यवहार दोनों को प्रभावित कर सकती है। अब यदि कोई व्यक्ति किसी रत्न को अपनी समस्या के समाधान का एक सहायक बिंदु मानता है, तो वह अधिक सकारात्मक, अधिक सावधान और अधिक संगठित व्यवहार करने लगता है। इससे वास्तविक जीवन-परिणाम भी बदल सकते हैं।

लेकिन यहाँ खतरा भी है। अगर विश्वास बहुत अंधा हो जाए, तो व्यक्ति हर चीज़ का कारण रत्न को मानने लगता है। अच्छा हुआ तो रत्न, बुरा हुआ तो रत्न। यह ठीक नहीं। रत्न को सहायक मानिए, मालिक नहीं। उसे एक माध्यम मानिए, भाग्य का पूरा ठेका नहीं। यही संतुलित दृष्टि है।

पाँचवाँ दृष्टिकोण है–शरीर के पास निरंतर मौजूद वस्तु का सूक्ष्म प्रभाव। यह बात पूरी तरह सिद्ध विज्ञान की भाषा में नहीं है, लेकिन अनुभव की भाषा में बहुत लोग इसे मानते हैं। जब कोई चीज़ लगातार हमारे शरीर के संपर्क में रहती है, तो उसका प्रभाव केवल भौतिक नहीं,

मानसिक और व्यावहारिक भी हो सकता है। जैसे कोई व्यक्ति अपनी शादी की अंगूठी हमेशा पहनता है—वह अंगूठी केवल धातु नहीं रहती, वह संबंध की याद बन जाती है। वैसे ही रत्न भी शरीर के पास रहकर व्यक्ति की चेतना का हिस्सा बन सकते हैं। वह उन्हें देखते हैं, छूते हैं, महसूस करते हैं, और अनजाने में अपने जीवन-संकल्प से जोड़ते रहते हैं। यह निरंतर उपस्थिति मामूली नहीं है।

एक और कहानी सुनिए। एक व्यापारी था। उसका व्यापार बहुत बड़ा नहीं था, लेकिन दिमाग तेज़ था। समस्या यह थी कि वह बहुत जल्दी लालच में निर्णय ले लेता था। एक सौदा अधूरा, दूसरा शुरू। एक जगह घाटा, फिर भी सीख नहीं। किसी बुजुर्ग ने उसे पुखराज नहीं, पन्ना भी नहीं, बल्कि सुनैला पहनने को कहा—क्योंकि असली पुखराज उसके बजट में नहीं था। साथ ही कहा—"रत्न पहनने से पहले यह व्रत लो कि अब हर सौदे पर एक रात सोचकर ही फैसला करोगे।" उसने वही किया। धीरे-धीरे उसका नुकसान कम हुआ। वह कहता था—"सुनैला पहनने के बाद बुद्धि ठहर गई।" हो सकता है। लेकिन असली बात शायद यह थी कि उसने पहली बार अपने निर्णयों में ठहराव लाया। रत्न उस ठहराव का प्रतीक बन गया।

अब एक दृष्टिकोण ऐसा भी है जो कहता है—रत्न कुछ नहीं करते, सब संयोग है। इस मत को भी पूरी तरह नज़रअंदाज़ नहीं करना चाहिए। सच तो यह है कि कई लोग रत्न पहनते हैं और उन्हें कोई खास फर्क महसूस नहीं होता। कुछ लोग बिना किसी रत्न के भी बहुत अच्छा जीवन जीते हैं। कुछ लोग कई रत्न बदलते रहते हैं, पर समस्या वहीं की वहीं रहती है। इसका मतलब यह है कि रत्न कोई सार्वभौमिक, हर बार काम करने वाला, सब पर समान असर डालने वाला फ़ॉर्मूला नहीं हैं। यह स्वीकार करना ईमानदारी है। ऐसे में इस विषय में नम्रता जरूरी है। जो काम किसी एक व्यक्ति के लिए अर्थपूर्ण हो, वही दूसरे पर लागू हो—यह जरूरी नहीं।

तो फिर प्रश्न उठता है—क्या रत्नों का असर "वास्तविक" है? मेरा संतुलित उत्तर यह होगा: हाँ, कई लोगों के लिए यह वास्तविक हो सकता है—लेकिन उसका स्वरूप एक-सा नहीं होगा।

किसी के लिए वह ज्योतिषीय होगा।

किसी के लिए मनोवैज्ञानिक।

किसी के लिए प्रतीकात्मक।

किसी के लिए सांस्कृतिक।

किसी के लिए सौंदर्य और आत्मविश्वास का।

और किसी के लिए शायद बिल्कुल नहीं।

रत्नों के काम करने के तरीके को समझने के लिए एक और सुंदर उपमा ली जा सकती है। मान लीजिए जीवन एक बगीचा है। बीज हैं आपके कर्म। मिट्टी है आपका स्वभाव। पानी है आपका प्रयास। धूप है समय। और रत्न? रत्न शायद उस बगीचे में रखा एक छोटा-सा सहायक तत्व है–जैसे कुछ पौधों के लिए सहारा देने वाली लकड़ी, या दिशा दिखाने वाली छोटी खूंटी। वह बीज की जगह नहीं ले सकता, न पानी की, न धूप की। लेकिन सही जगह रखा जाए तो उपयोगी हो सकता है।

हमारे समाज में कई बार रत्न पहनने की परंपरा के साथ मंत्र, दिन, धातु, पूजा, शुद्धि आदि की बातें भी जुड़ी होती हैं। लोग पूछते हैं–क्या यह सब जरूरी है? इसका उत्तर यह है कि इन सबका एक मानसिक और सांस्कृतिक उद्देश्य जरूर है। जब कोई व्यक्ति किसी रत्न को विधिपूर्वक धारण करता है, तो वह उसे गंभीरता से लेता है। वह उस क्षण में रुकता है, संकल्प करता है, अपने उद्देश्य को स्पष्ट करता है। यह बात अपने आप में प्रभावशाली है। यह उसी तरह है जैसे कोई व्यक्ति नया काम शुरू करने से पहले पूजा करता है। पूजा मशीन नहीं चलाती, लेकिन मन को एकाग्र और नम्र करती है। रत्न धारण-विधि भी कुछ वैसी ही हो सकती है।

अब एक और वास्तविक जीवन का उदाहरण लें। एक लड़की थी, पढ़ाई अच्छी थी, लेकिन बार-बार रिश्तों में गलत चुनाव कर बैठती थी। लोग उसे बहुत जल्दी प्रभावित कर लेते थे। किसी ने उसे पुखराज की सलाह दी, पर उसके पास बजट नहीं था, तो उसने सुनैला लिया। साथ ही

उसकी मौसी ने उससे कहा–"इसको सिर्फ़ शादी के लिए मत पहनना, इसे पहनते समय यह सोचो कि अब तुम्हें सही और गलत में फर्क करने की समझ चाहिए।" वह बात उसके मन में बैठ गई। कुछ समय बाद उसने कहा–"रत्न पहनने से पहले मैं सिर्फ़ चाहत देखती थी, अब थोड़ा चरित्र भी देखती हूँ।" यह बदलाव केवल पत्थर ने किया? शायद नहीं। लेकिन पत्थर ने उसकी सोच बदलने में एक टिकाऊ संकेत का काम किया–यह भी कम बात नहीं।

रत्न कई बार हमें "रुककर देखने" की आदत भी देते हैं। आज के समय में लोग बिना रुके प्रतिक्रिया देते हैं। तुरंत डर, तुरंत लालच, तुरंत गुस्सा, तुरंत निर्णय। जब कोई रत्न धारण करता है और उसे किसी गुण से जोड़ता है–जैसे मोती से शांति, पन्ने से स्पष्टता, पुखराज से विवेक, नीलम से अनुशासन–तो वह अनजाने में उस गुण को अपने जीवन में बार-बार याद करने लगता है। यही स्मरण कई बार असली काम करता है।

लेकिन, और यह बहुत जरूरी "लेकिन" है–रत्नों के नाम पर भ्रम, डर और व्यापार भी बहुत हैं। कई लोग आपकी परेशानी सुनते ही महँगा रत्न थमा देंगे। कोई कहेगा–"यह पहनो, सब बदल जाएगा।" कोई कहेगा–"यह नहीं पहना तो नुकसान होगा।" यह भाषा ही गलत है। रत्नों की दुनिया में डर का व्यापार बहुत चलता है। समझदार व्यक्ति इससे बचेगा। वह पूछेगा–क्यों? किस आधार पर? क्या विकल्प है? क्या यह जरूरी है? क्या छोटा या उपरत्न लिया जा सकता है? क्या यह समस्या सच में रत्न की माँग करती भी है या मुझे अपने व्यवहार, स्वास्थ्य, या निर्णय पर काम करना चाहिए?

यहाँ यह भी समझना चाहिए कि कभी-कभी रत्न काम नहीं करता, क्योंकि व्यक्ति गलत प्रश्न लेकर आया होता है। उदाहरण के लिए, कोई व्यक्ति बहुत तनाव में है क्योंकि वह दिनभर मोबाइल पर तुलना करता है, रात को देर तक जागता है, शरीर थका हुआ है, और मन अस्थिर है। वह मोती पहन लेता है और सोचता है अब सब ठीक हो जाएगा। ऐसा कैसे होगा? मोती उसके लिए सहायक हो सकता है, लेकिन जब तक वह अपने जीवन की जड़ों पर काम नहीं करेगा, तब तक रत्न अकेले कितना करेगा? यही बात हर रत्न पर लागू होती है।

तो आखिर निष्कर्ष क्या निकला? रत्न कई स्तरों पर काम कर सकते हैं– परंपरागत ग्रह-मान्यता के स्तर पर, रंग और मन के स्तर पर, प्रतीक और संकल्प के स्तर पर, विश्वास और मनोबल के स्तर पर, और कभी-कभी केवल सौंदर्य और आत्म-भाव के स्तर पर।

किस व्यक्ति के लिए कौन-सा स्तर सबसे अधिक सक्रिय होगा, यह निश्चित रूप से कहना कठिन है। लेकिन यह समझना बहुत उपयोगी है कि रत्नों को एक ही डिब्बे में बंद करके नहीं समझा जा सकता।

अगर इस पूरे अध्याय को एक सरल वाक्य में बाँधें, तो मैं कहूँगा– **रत्न अक्सर उतना ही काम करते हैं जितना वे आपके जीवन में अर्थ, संकल्प, सजगता और सही दिशा के साथ जुड़ पाते हैं।**यदि वे केवल उँगली में हैं, तो शायद बहुत कम। यदि वे मन में भी उतर गए, तो उनका असर अधिक गहरा हो सकता है।

अंत में बस यही कहना उचित है कि रत्नों की असली शक्ति शायद केवल पत्थर में नहीं, पत्थर और व्यक्ति के बीच बने संबंध में भी छिपी होती है। कोई उसे ग्रह कहे, कोई प्रतीक, कोई मनोबल, कोई ऊर्जा–नाम अलग हो सकते हैं, लेकिन अनुभव अक्सर इसी संबंध से पैदा होता है। इसी कारण रत्नों को समझने का अगला कदम बहुत महत्त्वपूर्ण है–अगर वे किसी हद तक काम कर सकते हैं, तो सही रत्न चुना कैसे जाए? क्योंकि गलत रत्न, गलत कारण से, गलत व्यक्ति को दे दिया जाए, तो फिर भ्रम ही बढ़ेगा।

***

अध्याय 16

सही रत्न का चयन कैसे करें

सही रत्न चुनना अक्सर सही पत्थर ढूँढ़ने से पहले सही प्रश्न पूछने का काम है। बहुत लोग रत्न का नाम पहले तय कर लेते हैं और कारण बाद में खोजते हैं, जबकि समझदार रास्ता ठीक उल्टा है–पहले आवश्यकता, फिर चयन। यहीं पर ज़्यादातर लोग गलती कर देते हैं। किसी दोस्त की अंगूठी देखकर, किसी यूट्यूब वीडियो से प्रभावित होकर, या किसी रिश्तेदार की सलाह सुनकर तुरंत रत्न तय कर लेते हैं।

आपने भी शायद देखा होगा–
किसी शादी या पारिवारिक समारोह में कोई कह देता है,
"मैंने नीलम पहना और मेरी ज़िंदगी बदल गई।"
और अगले ही दिन तीन लोग जौहरी के पास पहुँच जाते हैं।

लेकिन जो बात दिखाई नहीं देती, वह यह है कि उस व्यक्ति की स्थिति क्या थी, उसका स्वभाव क्या था, और क्या वह रत्न सच में कारण था या केवल एक हिस्सा।

सबसे पहले एक बहुत सीधी बात। हर सुंदर रत्न हर व्यक्ति के लिए सही नहीं होता। हर महंगा रत्न जरूरी नहीं कि आपके लिए उपयोगी हो। और हर सस्ता पत्थर बेकार भी नहीं होता। रत्न चुनते समय सबसे पहले यह देखना पड़ता है कि व्यक्ति क्या चाहता है और क्यों चाहता है। बहुत-से लोग यह गलती करते हैं कि वे रत्न का नाम पहले तय कर लेते हैं और कारण बाद में ढूँढ़ते हैं। जबकि सही तरीका उल्टा है। पहले कारण, फिर चयन।

मान लीजिए एक व्यक्ति कहता है कि उसे पन्ना पहनना है। पूछा जाए क्यों, तो कहता है कि हरा रंग अच्छा लगता है। यह एक बात है। दूसरा व्यक्ति कहता है कि उसे पन्ना इसलिए पहनना है क्योंकि उसका काम बोलने, लिखने और व्यापार से जुड़ा है और उसे लगता है कि उसे मानसिक स्पष्टता चाहिए। यह दूसरी बात है। तीसरा व्यक्ति कहता है कि किसी ज्योतिषी ने बिना कुछ समझाए पन्ना कह दिया। यह तीसरी बात है। तीनों स्थितियाँ अलग हैं, इसलिए चयन का तरीका भी अलग होना चाहिए। इसलिए रत्न चुनने का पहला नियम है–**उद्देश्य साफ रखो**। ऐसी स्थिति अक्सर छात्रों में देखने को मिलती है। कई बच्चे कहते हैं–"पढ़ तो रहा हूँ, पर याद नहीं रहता।" या "पेपर में बैठते ही दिमाग खाली हो जाता है।"

यहाँ समस्या भाग्य की कम और **मानसिक संरचना की ज़्यादा** होती है। ऐसे में सही रत्न वह होगा जो मन और बुद्धि को स्थिर करे, न कि सिर्फ़ "शुभ" कहलाने वाला हो।

रत्न चयन के लिए आमतौर पर चार आधार सबसे अधिक महत्त्वपूर्ण माने जा सकते हैं। पहला–व्यक्ति की जीवन-स्थिति। दूसरा–व्यक्ति की प्रकृति। तीसरा–ज्योतिषीय आधार, अगर उस पर भरोसा किया जा रहा है। चौथा–व्यावहारिकता, यानी बजट, उपलब्धता, गुणवत्ता और सहजता। इन चारों को साथ लेकर चलेंगे तो गलती कम होगी। केवल एक आधार पर निर्णय लेने से गड़बड़ की संभावना बढ़ जाती है।

पहले जीवन-स्थिति की बात करते हैं। जीवन-स्थिति का मतलब है कि अभी व्यक्ति किस तरह की परेशानी या आवश्यकता से गुजर रहा है। कोई लगातार मानसिक तनाव में है। कोई निर्णय नहीं ले पा रहा। कोई आत्मविश्वास खो चुका है। कोई विवाह को लेकर परेशान है। कोई काम में रुकावट महसूस कर रहा है। कोई बहुत डर में है। कोई संबंधों में कटुता से जूझ रहा है। कोई बार-बार बिखर जाता है। अब इन सब स्थितियों में एक ही रत्न की सलाह देना समझदारी नहीं होगी। रत्न चयन तभी सही होगा जब समस्या की प्रकृति समझी जाए।

उदाहरण के लिए, एक लड़का था जो प्रतियोगी परीक्षाओं की तैयारी कर रहा था। घर वाले कह रहे थे कि उसे पुखराज पहनाना चाहिए,

क्योंकि "शुभ" होता है। लेकिन जब उसकी स्थिति ठीक से समझी गई, तो पता चला कि उसकी असली समस्या भाग्य की नहीं, बिखरे हुए ध्यान की थी। वह पढ़ता था, पर दिमाग इधर-उधर चला जाता था। बात करते समय जल्दी घबरा जाता था। उसके लिए पन्ना अधिक अर्थपूर्ण लगा, क्योंकि समस्या अध्ययन, एकाग्रता और अभिव्यक्ति की थी। अब यहाँ देखिए, अगर केवल "शुभ रत्न" के नाम पर पुखराज दे दिया जाता, तो बात शायद उतनी सटीक न होती। सही चयन के लिए समस्या की असली जड़ समझनी पड़ी।

दूसरा आधार है–प्रकृति। हर व्यक्ति की मानसिक और व्यावहारिक प्रकृति अलग होती है। कोई बहुत तेज़ लेकिन चिड़चिड़ा होता है। कोई बहुत भावुक लेकिन निर्णयहीन। कोई साहसी लेकिन अस्थिर। कोई बुद्धिमान लेकिन डरपोक। कोई मेहनती लेकिन बिखरा हुआ। कोई आकर्षक लेकिन भीतर से असुरक्षित। तभी एक ही रत्न अलग-अलग लोगों पर अलग अनुभव दे सकता है। क्योंकि रत्न केवल बाहरी समस्या नहीं, व्यक्ति के स्वभाव के साथ भी जुड़ता है।

आपने अपने आसपास ऐसे लोग ज़रूर देखे होंगे– एक वह जो बहुत होशियार है, लेकिन हर समय overthinking में फंसा रहता है। दूसरा वह जो बहुत confident दिखता है, लेकिन अंदर से हर समय comparison में जी रहा होता है।

दोनों की समस्या "आत्मविश्वास" कही जा सकती है, लेकिन समाधान एक जैसा नहीं हो सकता।

यही कारण है कि रत्न चयन में "label" नहीं, "layer" समझनी पड़ती है।

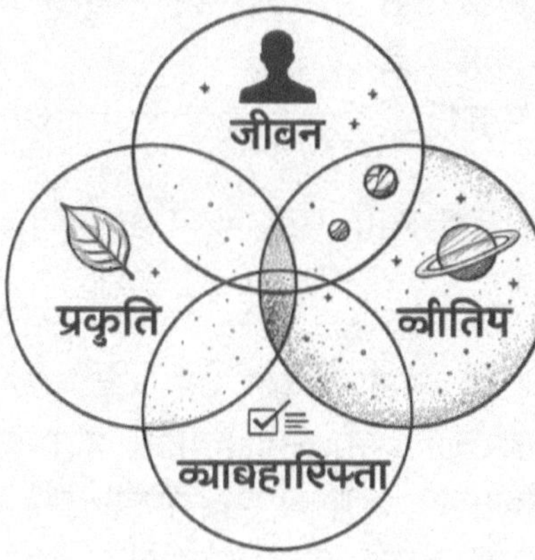

मान लीजिए दो लोगों को आत्मविश्वास की कमी है। पहले व्यक्ति की कमी यह है कि वह शांत स्वभाव का है, भीड़ में दब जाता है, अपनी बात नहीं रख पाता। दूसरे की कमी यह है कि वह बाहर से बहुत बोलता है, लेकिन भीतर से असुरक्षित है और इसलिए हर समय दूसरों को नीचा दिखाकर खुद को बड़ा साबित करना चाहता है। दोनों को देखकर कोई कह सकता है कि दोनों को माणिक्य चाहिए। लेकिन ज़रा ध्यान से देखें तो पहले व्यक्ति के लिए माणिक्य सार्थक हो सकता है, जबकि दूसरे के लिए यह पहले से ही बढ़े हुए अहं को और हवा देने जैसा हो सकता है। इसलिए रत्न चुनते समय व्यक्ति का स्वभाव देखना बहुत जरूरी है।

तीसरा आधार है–**ज्योतिषीय विचार**। अब यह मानकर चल रहे हैं कि व्यक्ति ज्योतिष में कुछ भरोसा रखता है और उसी आधार पर रत्न सोच रहा है। इस स्थिति में सही रत्न चयन सिर्फ़ राशि देखकर नहीं किया जाना चाहिए। यह बहुत आम गलती है। लोग पूछते हैं–"मैं मिथुन हूँ, कौन-सा रत्न पहनूँ?" या "मैं सिंह हूँ, क्या माणिक्य पहन सकता हूँ?" यह तरीका बहुत सतही है। केवल सूर्य राशि या नाम के अक्षर के आधार पर रत्न तय कर देना गंभीर ज्योतिष नहीं है। यदि ज्योतिषीय आधार लिया जा रहा है, तो कम-से-कम जन्मपत्री, ग्रहों की स्थिति, भाव, दशा, अंतर्दशा, और ग्रह की कार्यकारी प्रकृति को समझना चाहिए।

आजकल सोशल मीडिया पर यह बहुत आम हो गया है–
"अगर आपकी राशि यह है, तो यह रत्न पहनिए।"

लोग बिना सोचे-समझे उस आधार पर अंगूठी बनवा लेते हैं।
फिर कुछ महीनों बाद कहते हैं–
"कुछ खास फर्क नहीं पड़ा।"

असल में फर्क इसलिए नहीं पड़ा क्योंकि चयन गहराई से हुआ ही नहीं था।

अक्सर लोग यह मान लेते हैं कि जो ग्रह कमजोर है, उसका रत्न पहन लो। यह नियम हमेशा सही नहीं। कोई ग्रह कमजोर हो सकता है, लेकिन वह आपकी कुंडली में शुभ न हो। फिर उसे मजबूत करना हमेशा अच्छा नहीं माना जाएगा। दूसरी ओर कोई ग्रह शुभ हो सकता है, लेकिन दबा हुआ हो, तब उसका रत्न उपयोगी माना जा सकता है। इसी वजह से रत्न चयन में ज्योतिषीय गंभीरता बहुत जरूरी है। वरना लोग केवल "कमजोर ग्रह" सुनकर रत्न पहन लेते हैं और बाद में भ्रमित होते हैं।

एक छोटा-सा अनुभव सुनिए। एक महिला को किसी ने कहा कि उसका शनि खराब है, इसलिए नीलम पहन लो। वह डर गई थी और जल्दी समाधान चाहती थी। लेकिन जब बात ठीक से समझी गई, तो सामने आया कि उसकी मुख्य समस्या शनि नहीं, चंद्रमा की बेचैनी थी। वह हर समय चिंता में रहती, हर नकारात्मक बात से डर जाती, और उसी डर में नीलम पहनकर बैठना चाहती थी। अगर वह नीलम पहन लेती, तो संभव था कि उसके मन का भय और बढ़ जाता, क्योंकि वह हर घटना को उससे जोड़ती। उसकी स्थिति में मोती या शांत प्रकृति का कोई प्रतीक ज़्यादा उपयुक्त था। यहाँ फिर वही बात साबित हुई–ज्योतिषीय शब्द सुन लेना और सही आधार पर रत्न चुनना, दोनों बहुत अलग बातें हैं।

ऐसे केस बहुत आम हैं।
कोई कहता है–"शनि खराब है", कोई कहता है "राहु भारी है"
और व्यक्ति डर के कारण तुरंत रत्न पहन लेता है।

फिर क्या होता है?
हर छोटी परेशानी उसी रत्न से जोड़ दी जाती है।

अगर ऑफिस में बॉस ने डांट दिया–"नीलम सूट नहीं किया"
अगर घर में झगड़ा हो गया–"रत्न गलत है"

जबकि असली कारण अक्सर कुछ और ही होता है।

अब चौथा आधार–**व्यावहारिकता**। यह बहुत लोग भूल जाते हैं। रत्न कोई केवल सिद्धांत नहीं, खरीदने और पहनने की वस्तु भी है। इसलिए यह देखना जरूरी है कि आपका बजट क्या है, आप कितना खर्च करना चाहते हैं, क्या आपको प्रमाणिक पत्थर मिल सकता है, क्या आप उसकी गुणवत्ता समझते हैं, क्या उस रत्न की देखभाल कर पाएँगे, और क्या आप उसे पहनकर सहज रहेंगे। कई लोग बहुत महंगा रत्न खरीद लेते हैं लेकिन मन में डर लगा रहता है–टूट न जाए, खो न जाए, कहीं नकली न हो, कहीं सूट न किया तो? ऐसे में रत्न सहारा कम और चिंता अधिक बन जाता है। इसलिए चयन में यह भी देखना चाहिए कि आप जो ले रहे हैं, उसके साथ सहज हैं या नहीं।

कई लोग रत्न पहनने के बाद आराम से नहीं जी पाते।बार-बार अंगूठी को देखते रहते हैं– "ठीक काम कर रही है या नहीं?" "कहीं गलत तो नहीं हो गया?"

ऐसी स्थिति में रत्न सहायक कम, मानसिक बोझ ज़्यादा बन जाता है।

रत्न वह होना चाहिए जिसे पहनकर आप **हल्का महसूस करें**, न कि हर समय उसकी चिंता करें।

यहाँ उपरत्नों की भूमिका बहुत महत्त्वपूर्ण हो जाती है। हर व्यक्ति को मुख्य रत्न लेना ही चाहिए, ऐसा कोई नियम नहीं। अगर किसी को पुखराज चाहिए लेकिन असली अच्छा पुखराज बजट से बाहर है, तो सुनैला एक व्यावहारिक विकल्प हो सकता है। यदि कोई मोती नहीं ले सकता, तो चंद्रकांत मणि पर विचार हो सकता है। यदि कोई सीधा नीलम लेने में सहज नहीं है, तो पहले प्रतीकात्मक स्तर पर किसी हल्के पत्थर से जुड़ना समझदारी हो सकती है। सही चयन केवल आदर्श नहीं, वास्तविक जीवन को देखकर किया जाता है।

रत्न चयन का एक और महत्वपूर्ण नियम है–**डर के कारण कभी रत्न मत चुनो**। यह बहुत जरूरी बात है। अगर कोई आपको कहे, "तुरंत यह रत्न पहन लो वरना नुकसान होगा", तो वहीं रुक जाइए। डर में चुना गया रत्न अक्सर मन में और ज्यादा अस्थिरता भर देता है। व्यक्ति हर घटना को उसी रत्न से जोड़ने लगता है। उसे लगता है अगर अंगूठी उतार दी तो अनर्थ हो जाएगा। यह स्थिति स्वस्थ नहीं है। रत्न का चयन भय से नहीं, समझ से होना चाहिए। डर का व्यापार रत्न-विद्या का सबसे बड़ा नुकसान है।

इसी तरह **लालच के कारण भी रत्न नहीं चुनना चाहिए**। "यह पहनोगे तो बहुत पैसा आएगा", "यह रत्न रातों-रात भाग्य बदल देगा", "यह पहनते ही शादी हो जाएगी", "यह पहनोगे तो सब लोग आकर्षित होंगे"– ऐसी बातें सुनने में अच्छी लगती हैं, पर चयन का आधार नहीं बननी चाहिएँ। रत्नों के बारे में जितनी बड़ी-बड़ी बातें कही जाती हैं, उतना ही ज़रूरी है कि व्यक्ति जमीन पर रहे। रत्न सहायक हो सकता है, शॉर्टकट नहीं।

सही रत्न चुनते समय यह भी देखना चाहिए कि आप **किस भावना से** उसे पहनना चाहते हैं। यह बहुत गहरी बात है। कोई व्यक्ति माणिक्य आत्मबल के लिए पहनता है, कोई दिखावे के लिए। कोई मोती मन की शांति के लिए, कोई सिर्फ़ फैशन के लिए। कोई पुखराज गुरु-तत्त्व और शुभता के लिए, कोई केवल इसलिए कि लोगों ने कहा शादी जल्दी होगी। भावना बदलते ही रत्न का पूरा अनुभव बदल सकता है। यदि आप किसी

रत्न को सजगता, सम्मान और सही उद्देश्य के साथ धारण करेंगे, तो उसका मानसिक प्रभाव भी अधिक अर्थपूर्ण होगा।

कभी-कभी सही रत्न चुनने का मतलब "कोई रत्न नहीं" भी होता है। यह बात सुनने में अजीब लग सकती है, लेकिन बहुत सही है। हर समस्या का समाधान रत्न नहीं है। अगर आपकी परेशानी नींद की कमी, गलत खान-पान, तनाव, रिश्तों की उलझन, वित्तीय अव्यवस्था या आत्म-अनुशासन की कमी से है, तो केवल रत्न खरीदना पर्याप्त नहीं होगा। कई बार व्यक्ति रत्न इसलिए ढूँढ़ता है क्योंकि वह असली समस्या से सामना नहीं करना चाहता। ऐसे समय में ईमानदार उत्तर यही होना चाहिए कि पहले जीवन को व्यवस्थित करो, फिर रत्न पर विचार करो। यह कहना कोई कमजोरी नहीं, बल्कि परिपक्वता है।

अब एक व्यावहारिक तरीका समझते हैं। यदि आपको सही रत्न चुनना हो, तो अपने आप से कुछ प्रश्न पूछिए।

क्या मैं इसे शौक से पहनना चाहता हूँ या उपाय की तरह?

मेरी असली समस्या क्या है?

क्या यह समस्या स्थायी है या अभी का तनाव?

क्या मैं ज्योतिषीय आधार पर जा रहा हूँ? अगर हाँ, तो क्या वह गंभीर रूप से समझाया गया है?

क्या मेरे पास मुख्य रत्न का सही बजट है?

क्या मैं उपरत्न से शुरू करना पसंद करूँगा?

क्या यह रत्न मेरे स्वभाव के अनुकूल है?

क्या इसे पहनकर मैं सहज रहूँगा या डरता रहूँगा?

इन सवालों के जवाब ही अक्सर सही दिशा दे देते हैं।

एक और छोटी कहानी देखिए। एक आदमी बार-बार व्यापार में नुकसान उठा रहा था। उसे लगा कि शायद गोमेद पहनना चाहिए, क्योंकि किसी ने कहा था राहु की वजह से अचानक नुकसान होते हैं। लेकिन बात करने पर पता चला कि उसका असली संकट राहु नहीं, लालच और जल्दबाज़ी थी। वह बिना पढ़े कागज़ों पर साइन कर देता था, दूसरों की बातों में जल्दी आ जाता था, और हर जल्दी पैसा कमाने वाली योजना में कूद पड़ता था। ऐसे व्यक्ति को गोमेद दे देना सही चयन नहीं होता। उसे पहले विवेक, ठहराव और व्यापारिक अनुशासन चाहिए था। उसके लिए पन्ना या सुनैला अधिक उपयोगी प्रतीक हो सकते थे–या फिर रत्न से भी पहले लेखा-जोखा ठीक करना। यही सही चयन की समझ है।

रत्न चुनते समय **धातु, उँगली और दिन** भी कुछ लोगों के लिए महत्त्वपूर्ण होते हैं, लेकिन ये बातें चयन के बाद आती हैं, पहले नहीं। पहले यह तय होना चाहिए कि रत्न सही है भी या नहीं। बहुत-से लोग पहले पूछते हैं–सोने में पहनूँ या चाँदी में? दाहिने हाथ में या बाएँ? सोमवार को या गुरुवार को? जबकि सबसे बड़ा प्रश्न यह है कि जो पहन रहे हो, वह तुम्हारे लिए उचित भी है या नहीं। आधार सही होगा, तो विधि बाद में व्यवस्थित की जा सकती है।

यह भी ध्यान देने योग्य है कि सही रत्न चुनना एकदम अंतिम और स्थायी फैसला हमेशा नहीं होता। जीवन बदलता है, दशाएँ बदलती हैं, ज़रूरतें बदलती हैं, और व्यक्ति की समझ भी बदलती है। जो रत्न किसी समय उपयुक्त हो, वह हमेशा के लिए ही आवश्यक रहे–यह जरूरी नहीं। कुछ लोग जीवनभर एक रत्न से जुड़े रहते हैं क्योंकि वह उनके लिए केवल उपाय नहीं, पहचान और संबल बन जाता है। कुछ लोग समय के अनुसार बदलते हैं। दोनों बातें संभव हैं। इसलिए रत्न चयन को जीवन का स्थायी बंधन नहीं, बल्कि सजग निर्णय की तरह देखना अधिक स्वस्थ है।

सही रत्न चुनने में **विश्वसनीय स्रोत** की भी बड़ी भूमिका है। आप चाहे ज्योतिषी से सलाह लें, जेमोलॉजिस्ट से, जौहरी से, या किसी पारंपरिक जानकार से–यह देखें कि सामने वाला व्यक्ति डर, लालच और दिखावे से बात कर रहा है या समझ, सीमाएँ और वास्तविकता भी बता रहा है। जो हर किसी को महंगा रत्न पकड़ा दे, उससे सावधान रहिए।

जो कहे "रत्न जरूरी नहीं, पहले स्थिति समझो", उसकी बात गंभीरता से सुनिए। सही सलाह वही होती है जो रत्न को जीवन के भीतर रखे, जीवन के ऊपर नहीं।

अगर इस पूरे अध्याय का सार निकालें, तो सही रत्न चुनने का अर्थ है–
सही समस्या पहचानना,
अपने स्वभाव को समझना,
जरूरत हो तो ज्योतिष को गंभीरता से देखना,
बजट और गुणवत्ता को ध्यान में रखना,
डर और लालच से बचना,
और रत्न को एक सहायक प्रतीक की तरह अपनाना।

यही संतुलन है। यहीं गलती कम होती है।

अगर इसे एक सरल मानवीय वाक्य में कहा जाए, तो सही रत्न चुनने की पहली शर्त यह है– **रत्न वही चुनो जो तुम्हें तुम्हारे भीतर के सही गुण से जोड़ सके, न कि तुम्हें और भ्रमित कर दे।** जिसे पहनकर मन शांत हो, उद्देश्य साफ हो, और जीवन की दिशा थोड़ी बेहतर महसूस हो–वही रत्न अधिक सार्थक है। जिसे पहनकर केवल डर, दिखावा या चमत्कार की उम्मीद बढ़े–वह चयन सही नहीं है।

ऐसे कई व्यापारी मिलते हैं जो कहते हैं–
"हमारा luck खराब है"

लेकिन जब उनके काम को ध्यान से देखते हैं,
तो पता चलता है–
बिना पढ़े contract sign करना,
गलत लोगों पर भरोसा करना,
जल्दी पैसे के चक्कर में फैसले लेना

यह "राहु दोष" नहीं,
यह "निर्णय दोष" है।

सीधी बात यह है कि सही रत्न का चयन खरीदारी नहीं, समझ का काम है। जो व्यक्ति इस एक बात को समझ लेता है, वह आधी गलती से बच जाता है। और जो बिना समझे केवल नाम, चमक, डर या लालच के आधार पर रत्न चुनता है, वह अक्सर भ्रम में पड़ता है। इसलिए अगला स्वाभाविक कदम अब यह है कि यदि सही रत्न चुन लिया जाए, तो उसे धारण कैसे किया जाए? किस धातु में, किस उँगली में, किस दिन, किस भावना और किस विधि से? यही हम अगले अध्याय में विस्तार से समझेंगे।

***

अध्याय 17

रत्न धारण करने की विधि

रत्न धारण करना केवल उँगली में अंगूठी चढ़ा लेना नहीं है। भारतीय परंपरा में इसे एक छोटे-से संकल्प की तरह देखा गया–ऐसा संकल्प जिसमें वस्तु, उद्देश्य, मन और विधि एक साथ जुड़ते हैं। इसी कारण धारण-विधि को महत्त्व दिया गया।

सबसे पहले यह समझना जरूरी है कि धारण-विधि का उद्देश्य क्या है। क्या यह केवल परंपरा निभाने के लिए है? क्या यह केवल धार्मिक क्रिया है? क्या यह केवल मन का संतोष है? या इसमें कुछ और भी है? मेरा संतुलित उत्तर यही होगा कि धारण-विधि इन सबका मिला-जुला रूप है। एक ओर यह परंपरा का हिस्सा है, दूसरी ओर यह व्यक्ति को मानसिक रूप से तैयार करती है। जब हम किसी रत्न को विधिपूर्वक धारण करते हैं, तो हम उसके साथ एक उद्देश्य जोड़ते हैं। हम जल्दबाज़ी से नहीं, सजगता से पहनते हैं। यही सजगता बहुत महत्त्वपूर्ण है।

जैसे कोई व्यक्ति नया घर लेने से पहले पूजा करता है, नई दुकान खोलते समय दीप जलाता है, नई किताब लिखने से पहले सरस्वती का स्मरण करता है, वैसे ही रत्न धारण करते समय भी एक छोटा-सा ठहराव, एक छोटी-सी श्रद्धा, और एक स्पष्ट संकल्प उसे अधिक अर्थपूर्ण बना देता है। यह कहना जरूरी नहीं कि इससे रत्न में कोई जादुई शक्ति पैदा हो जाती है। लेकिन यह जरूर कहा जा सकता है कि इस प्रक्रिया से रत्न धारण करने वाला व्यक्ति अपने मन को एक दिशा देता है। और यही बात इस पूरी विधि को महत्त्वपूर्ण बनाती है।

अब प्रश्न आता है—रत्न किस धातु में धारण किया जाए? यह एक बहुत आम और व्यावहारिक प्रश्न है। परंपरा में अलग-अलग ग्रहों और रत्नों के लिए अलग-अलग धातुएँ बताई गई हैं। जैसे माणिक्य के लिए प्रायः सोना, मोती के लिए चाँदी, मूंगे के लिए सोना या तांबा, पन्ने के लिए सोना, पुखराज के लिए सोना, हीरे के लिए सफेद धातुएँ या सोना, नीलम के लिए चाँदी, पंचधातु या अन्य धातुएँ, गोमेद के लिए चाँदी या पंचधातु, और लहसुनिया के लिए भी प्रायः चाँदी या पंचधातु की चर्चा मिलती है। लेकिन यहाँ यह भी ध्यान रखना चाहिए कि धातु कोई अलग जादुई वस्तु नहीं, बल्कि एक पारंपरिक मेल का हिस्सा है।

धातु के चयन में दो बातें काम करती हैं। पहली, पारंपरिक संबंध। दूसरी, व्यावहारिकता। उदाहरण के लिए मोती चाँदी में बहुत स्वाभाविक लगता है। उसका रंग, स्वभाव और चंद्रमा से जुड़ा भाव चाँदी के साथ अच्छा मेल बनाता है। पुखराज सोने में गरिमामय लगता है और बृहस्पति से उसका पारंपरिक मेल माना जाता है। इसी तरह माणिक्य और सोना, पन्ना और सोना, हीरा और सफेद धातुएँ—ये सब केवल फैशन नहीं, लंबे समय से बने प्रतीकात्मक मेल भी हैं। लेकिन अगर कोई व्यक्ति बिल्कुल महंगी धातु नहीं ले सकता, तो इसका अर्थ यह नहीं कि वह रत्न धारण ही न करे। ऐसे में व्यावहारिक विकल्पों पर विचार किया जा सकता है।

बहुत-से लोग पूछते हैं—क्या धातु बदलने से रत्न काम नहीं करेगा? इस पर अलग-अलग मत मिलते हैं। कुछ लोग कड़ा रुख लेते हैं कि परंपरागत धातु ही आवश्यक है। कुछ लोग मानते हैं कि धातु महत्त्वपूर्ण है, पर निर्णायक नहीं। मेरे विचार से यदि कोई व्यक्ति ज्योतिषीय और पारंपरिक धारण-विधि को गंभीरता से लेना चाहता है, तो जहाँ तक संभव हो, पारंपरिक धातु का पालन करना अच्छा है। लेकिन यदि परिस्थिति या बजट के कारण ऐसा संभव नहीं, तो केवल इस वजह से व्यक्ति को रत्न से दूर नहीं होना चाहिए। यहाँ फिर वही संतुलन काम करता है—श्रद्धा हो, पर कठोरता नहीं।

अब उँगली की बात करें। यह भी लोगों के मन में बहुत जिज्ञासा जगाती है। परंपरा में अलग-अलग रत्नों के लिए अलग उँगलियाँ बताई गई हैं। जैसे माणिक्य के लिए अनामिका, मोती के लिए कनिष्ठा, पन्ने के लिए कनिष्ठा, पुखराज के लिए तर्जनी, नीलम के लिए मध्यमा,

हीरे के लिए अनामिका या मध्यमा के अलग-अलग मत, मूंगे के लिए अनामिका, और राहु-केतु से जुड़े रत्नों के लिए भी अलग परंपराएँ मिलती हैं। लेकिन इस पूरी व्यवस्था के पीछे विचार यह है कि हाथ की हर उँगली का एक प्रतीकात्मक संबंध माना गया। तर्जनी को गुरु से, मध्यमा को शनि से, अनामिका को सूर्य और शुक्र से, कनिष्ठा को बुध और चंद्र से जोड़ा गया। यहीं से यह प्रणाली बनी।

अब यह पूछना स्वाभाविक है कि क्या उँगली सचमुच इतनी महत्त्वपूर्ण है? परंपरा में हाँ, इसे महत्त्व दिया गया। लेकिन यदि कोई व्यक्ति केवल आभूषण के रूप में रत्न पहन रहा है, तो उँगली का महत्त्व उतना कठोर नहीं रह जाता। वहीं अगर कोई इसे ग्रह-संबंधी उपाय की तरह पहन रहा है, तो उँगली का ध्यान रखना पारंपरिक रूप से उचित माना जाता है। यह भी ध्यान रहे कि हर व्यक्ति हर तरह की अंगूठी पहनकर सहज नहीं रहता। किसी को तर्जनी में असुविधा होती है, किसी को मध्यमा में भारीपन लगता है, किसी को कनिष्ठा में काम करते समय दिक्कत होती है। इसलिए शरीर की सहजता को भी ध्यान में रखना चाहिए।

अब दिन और समय की बात करें। यह भाग धारण-विधि का सबसे प्रसिद्ध हिस्सा है। बहुत-से लोग जानते हैं कि रत्न विशेष ग्रह से जुड़ा हो तो उसी ग्रह के दिन पहना जाता है। जैसे माणिक्य रविवार, मोती सोमवार, मूंगा मंगलवार, पन्ना बुधवार, पुखराज गुरुवार, हीरा शुक्रवार, नीलम शनिवार, गोमेद और लहसुनिया के लिए भी विशेष दिन और समय की परंपराएँ मिलती हैं। इस परंपरा का विचार यह है कि जब ग्रह का दिन हो, तब उससे संबंधित रत्न धारण करना अधिक अनुकूल माना जाए। सुबह का समय भी अधिकतर रत्नों के लिए शुभ माना गया, क्योंकि वह नया आरंभ माना जाता है। हालाँकि शनि, राहु, केतु से जुड़े रत्नों में कुछ परंपराएँ अलग समय भी बताती हैं।

यहाँ फिर वही बात समझनी होगी कि दिन और समय केवल नियम नहीं, मानसिक संकेत भी हैं। जब आप किसी खास दिन, सोच-विचार के साथ, शांत मन से रत्न पहनते हैं, तो उसका अनुभव अधिक गहरा हो जाता है। आपने उस क्षण को महत्त्व दिया, उसे एक आरंभ की तरह माना—यही बात उसे अर्थपूर्ण बनाती है। अगर कोई व्यक्ति दुकान से अंगूठी लाकर बस यूँ ही पहन ले, तो भी वह रत्न उसके पास रहेगा।

लेकिन जब वह उसे एक संकल्प के साथ धारण करता है, तो उसका मानसिक संबंध अधिक मजबूत होता है।

अब सवाल आता है शुद्धि की। बहुत लोग पूछते हैं–रत्न पहनने से पहले क्या उसे धोना या शुद्ध करना चाहिए? परंपरा में इसका उत्तर हाँ है। सामान्यतः रत्न को पहनने से पहले साफ जल, गंगाजल, कच्चे दूध, शहद, तुलसी-जल या अन्य शुद्ध मानी जाने वाली चीज़ों से स्पर्श कराया जाता है। कुछ लोग पंचामृत का प्रयोग करते हैं, कुछ केवल जल और गंगाजल से काम चला लेते हैं। असल में यह प्रक्रिया दो स्तरों पर काम करती है। एक, रत्न को भौतिक रूप से साफ करना। दूसरा, उसे एक पवित्र आरंभ देना। यह वैसा ही है जैसे नई वस्तु को घर लाकर तुरंत इस्तेमाल करने की जगह थोड़ा सम्मान के साथ ग्रहण किया जाए।

एक छोटा-सा उदाहरण लें। एक महिला ने बहुत सोचकर मोती की अंगूठी बनवाई। पहले वह उसे आते ही पहन लेना चाहती थी। फिर उसकी नानी ने कहा–"इसे सोमवार को, नहा-धोकर, भगवान के सामने रखकर पहनना।" उसने ऐसा ही किया। उसने अंगूठी को दूध और जल से धोया, एक छोटी-सी अगरबत्ती जलाई, दो मिनट शांत बैठी, और फिर मन ही मन कहा–"मुझे मन की शांति चाहिए।" अब हो सकता है वैज्ञानिक दृष्टि से देखें तो यह एक सरल घरेलू क्रिया थी। लेकिन उसके लिए वह एक भावनात्मक आरंभ बन गया। बाद में वह कहती थी–"मुझे लगा जैसे मैंने बस अंगूठी नहीं, एक संकल्प पहना है।" यही धारण-विधि का असली मनोवैज्ञानिक मूल्य है।

मंत्र का प्रश्न भी बहुत आता है। क्या रत्न पहनते समय मंत्र जरूरी है? परंपरा में हाँ, संबंधित ग्रह के मंत्र का जप शुभ माना गया है। जैसे सूर्य के लिए "ॐ सूर्याय नमः", चंद्रमा के लिए "ॐ सोमाय नमः" या "ॐ चंद्राय नमः", बुध के लिए "ॐ बुधाय नमः", बृहस्पति के लिए "ॐ बृहस्पतये नमः", शुक्र के लिए "ॐ शुक्राय नमः", शनि के लिए "ॐ शनैश्चराय नमः", राहु और केतु के लिए उनके नाम मंत्र। लेकिन यहाँ एक बहुत सीधी बात समझनी चाहिए–मंत्र का अर्थ केवल शब्दों का उच्चारण नहीं, मन की दिशा है। यदि कोई व्यक्ति लंबे मंत्र नहीं जानता, तो भी वह सरल मंत्र या अपने इष्ट का स्मरण करके रत्न धारण कर सकता है। बात की आत्मा अधिक महत्त्वपूर्ण है।

कुछ लोग पूछते हैं–क्या बिना मंत्र के रत्न बेकार हो जाएगा? ऐसा कठोर निष्कर्ष उचित नहीं। अगर किसी व्यक्ति का मन साफ है, उद्देश्य स्पष्ट है, और वह सम्मानपूर्वक रत्न धारण कर रहा है, तो वह भी पर्याप्त हो सकता है। मंत्र उस प्रक्रिया को और अधिक केंद्रित और पारंपरिक बना देता है, लेकिन केवल मंत्र ही सब कुछ नहीं। बहुत-से लोग सरल श्रद्धा के साथ भी रत्न पहनते हैं और उनसे संतुष्ट रहते हैं। यहाँ भी न तो कठोरता सही है, न लापरवाही।

धारण-विधि में एक और महत्त्वपूर्ण बात है–**संकल्प**। यह शब्द जितना साधारण लगता है, उतना ही गहरा है। संकल्प का मतलब है कि आप रत्न को किसी स्पष्ट उद्देश्य के साथ धारण करें। जैसे मोती पहनते समय मन में यह भाव–मुझे अपने मन को शांत रखना है। पन्ना पहनते समय–मुझे सोच और वाणी में स्पष्टता चाहिए। पुखराज के साथ–मुझे जीवन में सही दिशा और सद्बुद्धि चाहिए। माणिक्य के साथ–मुझे अपने आत्मसम्मान और गरिमा को जगाना है। नीलम के साथ–मुझे अनुशासन और सत्य के साथ जीना है। जब रत्न इस तरह उद्देश्य से जुड़ता है, तो वह एक जीवित स्मरण बन जाता है।

एक छोटी कहानी यहाँ भी देखिए। एक वकील थे। उन्हें पन्ना पहनने की सलाह मिली, लेकिन उन्होंने कहा–"सिर्फ पहन लेने से क्या होगा?" उन्हें यह बात समझाई गई कि रत्न को हर बार देखकर वे खुद को याद दिलाएँ–बात सोचकर करनी है, जल्दबाज़ी से नहीं। उन्होंने बुधवार को पन्ना पहना और अपने टेबल पर एक पर्ची भी रखी–"धीरे बोलो, साफ बोलो।" बाद में वे मज़ाक में कहते थे–"पन्ने से ज़्यादा उस पर्ची ने काम किया।" लेकिन सच तो यह है कि दोनों साथ काम कर रहे थे। रत्न ने संकल्प को पकड़े रखा। यही धारण-विधि की गहराई है।

अब एक व्यावहारिक प्रश्न–क्या रत्न को त्वचा से लगना जरूरी है? परंपरा में बहुत बार कहा गया कि रत्न नीचे से खुला होना चाहिए ताकि वह त्वचा से संपर्क में रहे। यह बात खासकर ग्रह-रत्नों के संदर्भ में कही जाती है। कई जौहरी इसी आधार पर अंगूठी बनाते भी हैं कि पत्थर नीचे से खुला रहे। लेकिन आधुनिक ज्वेलरी में हर डिज़ाइन ऐसा नहीं होता। यदि कोई व्यक्ति ज्योतिषीय परंपरा का पालन करना चाहता है, तो त्वचा-संपर्क की बात ध्यान में रख सकता है। यदि केवल सौंदर्य

या प्रतीक की दृष्टि से पहन रहा है, तो यह बात उतनी निर्णायक नहीं रहती। फिर भी, परंपरागत धारण-विधि में इसे महत्त्व दिया गया है।

अब यह भी समझ लें कि धारण-विधि में स्वच्छता और शरीर की सहजता दोनों जरूरी हैं। अंगूठी ऐसी न हो कि उँगली में दर्द हो, बहुत ढीली हो, गिरने का डर लगे, या इतनी भारी हो कि रोज़ पहनना मुश्किल हो जाए। कई लोग बहुत बड़ी अंगूठी बनवा लेते हैं और फिर उसे पहनते नहीं। रत्न धारण का उद्देश्य उसे पेटी में रखना नहीं, जीवन का हिस्सा बनाना है। इसलिए उसका आकार, डिजाइन और उपयोगिता भी ध्यान में रखनी चाहिए।

बहुत-से लोग पूछते हैं—क्या एक साथ कई रत्न पहन सकते हैं? यह प्रश्न धारण-विधि से जुड़ा भी है और चयन से भी। सामान्य उत्तर यही है कि बिना समझे कई रत्न एक साथ नहीं पहनने चाहिए। कुछ रत्नों के पारंपरिक मेल ठीक माने जाते हैं, कुछ के नहीं। कुछ लोग नवरत्न धारण करते हैं, जो एक अलग परंपरा है। लेकिन यदि कोई व्यक्ति अलग-अलग कारणों से अलग-अलग रत्न जोड़ता जाएगा, तो बाद में उलझन बढ़ सकती है। इसलिए रत्नों की संख्या से ज़्यादा स्पष्टता जरूरी है।

धारण-विधि का एक हिस्सा यह भी है कि रत्न को पहनने के बाद कैसा व्यवहार रखें। क्या हर समय डरते रहें? बार-बार उतारकर देखें? हर घटना को उससे जोड़ें? ऐसा नहीं करना चाहिए। रत्न पहनने के बाद कुछ समय तक शांत मन से जीवन को देखें। यदि आपने उसे एक सहायक प्रतीक की तरह धारण किया है, तो उसी तरह उससे जुड़े रहें। हर दिन परीक्षा लेने की तरह मत जीएँ। कुछ लोग रत्न पहनकर अगले ही दिन से संकेत ढूँढ़ने लगते हैं—आज सिर दर्द हुआ, शायद रत्न गलत है; आज फोन आया, शायद रत्न काम कर गया। यह तरीका स्वस्थ नहीं। धारण के बाद स्थिरता और धैर्य भी ज़रूरी है।

अब एक प्रश्न और—अगर रत्न पहनने के बाद असहजता लगे तो क्या करें? यहाँ ईमानदारी जरूरी है। यदि असहजता केवल डर की वजह से है, तो पहले अपने मन को देखें। अगर कोई वास्तविक शारीरिक परेशानी है—जैसे धातु से एलर्जी, अंगूठी का दबाव, त्वचा में जलन—तो उसे व्यावहारिक रूप से सुधारें। अगर मानसिक असहजता बहुत गहरी

है और आपको लगता है कि आपने रत्न गलत कारण से पहन लिया, तो रुकना भी ठीक है। रत्न कोई जेल नहीं है। लेकिन यह निर्णय भी घबराहट में नहीं, समझ के साथ लेना चाहिए।

पुराने लोग यह भी कहते थे कि रत्न धारण करके अपना व्यवहार भी थोड़ा उसके अनुरूप बदलो। यह बात बहुत सुंदर है। मोती पहना है तो बोलचाल और दिनचर्या में थोड़ी शांति लाओ। पन्ना पहना है तो अपनी भाषा और निर्णय पर ध्यान दो। पुखराज पहना है तो बड़ों की बात सुनो और मूल्य-आधारित जीवन जियो। माणिक्य पहना है तो आत्मसम्मान रखो, अहंकार नहीं। नीलम पहना है तो समय, श्रम और अनुशासन की कद्र करो। अगर ऐसा हो, तो रत्न सचमुच जीवन में उतरता है। नहीं तो वह केवल अंगूठी में बंद रहता है।

अगर इस पूरे अध्याय को एक वाक्य में कहें, तो रत्न धारण करने की विधि का सार यही है– **रत्न को केवल शरीर पर मत पहनो, उसे सही भावना के साथ अपने जीवन में स्थान दो।** धातु, दिन, उँगली, मंत्र, शुद्धि–ये सब उसी बड़े भाव के हिस्से हैं। अगर भाव सही है, तो विधि अर्थपूर्ण हो जाती है। अगर भाव ही नहीं, तो विधि केवल औपचारिकता बन जाती है।

पूरी चर्चा का निष्कर्ष यही बनता है कि रत्न धारण की विधि कोई डराने वाली या बोझिल चीज़ नहीं होनी चाहिए। वह सहज, सम्मानपूर्ण और अर्थपूर्ण होनी चाहिए। जो व्यक्ति इस संतुलन को समझ लेता है, उसके लिए रत्न केवल एक फैशनेबल वस्तु नहीं रहता, बल्कि एक सोच-समझकर धारण किया गया जीवन-प्रतीक बन जाता है। और अब जब हमने धारण-विधि समझ ली, तो अगला बहुत जरूरी प्रश्न सामने आता है–आखिर असली और नकली रत्न की पहचान कैसे करें? क्योंकि अगर चयन सही हो, विधि सही हो, लेकिन रत्न ही नकली निकले, तो सारी मेहनत अधूरी रह जाएगी। यही हम अगले अध्याय में विस्तार से समझेंगे।

***

अध्याय 18

असली और नकली रत्नों की पहचान

रत्नों की दुनिया में ठगी वहीं होती है जहाँ भरोसा सबसे ज़्यादा होता है। पत्थर सुंदर हो, नाम बड़ा हो और ग्राहक आशा में भरा हो–यही वह जगह है जहाँ पहचान सबसे ज़रूरी हो जाती है।

सीधी बात–हर चमकदार पत्थर रत्न नहीं होता, और हर रत्न असली नहीं होता। बाज़ार में काँच, सिंथेटिक, लैब-निर्मित, रंगे हुए, ग्लास-फिल्ड, डबल्ट-ट्रिपलेट–सब मिलते हैं। कई बार पत्थर असली होता है, पर वह वह रत्न नहीं होता जो बताया जा रहा है। सबसे बड़ी गलती यही है कि लोग जो देखते हैं, उसी को सच मान लेते हैं।

"नकली" के भी कई रूप हैं–

- पूरी तरह कृत्रिम
- असली, पर गलत नाम से बेचा गया
- अत्यधिक उपचारित
- लैब-निर्मित (संरचना समान, पर प्राकृतिक नहीं)

इनका फर्क समझना ज़रूरी है।

सबसे बड़ी भूल–सिर्फ रंग देखकर पहचान करना। हर हरा पत्थर पन्ना नहीं, हर पीला पुखराज नहीं, हर लाल माणिक्य

नहीं, हर चमकीला सफेद हीरा नहीं। असली पहचान रंग, पारदर्शिता, चमक, कट, संरचना और स्रोत–इन सबका मेल है।

लोग सबसे ज़्यादा चार जगह धोखा खाते हैं–
नाम, रंग, प्रमाणपत्र और भावना।

नाम में–"पन्ना क्वालिटी", "डायमंड फिनिश", "नीलम टच" जैसे शब्द भ्रम पैदा करते हैं। हमेशा साफ पूछें–प्राकृतिक है या नहीं? कौन-सा रत्न है?

रंग में–बहुत सुंदर रंग ही अक्सर जाल होता है। असली रत्न कई बार परफेक्ट नहीं दिखते; उनमें प्राकृतिक बनावट होती है।

प्रमाणपत्र में–हर कागज़ भरोसेमंद नहीं। असली सवाल है–किस लैब का है, क्या लिखा है, उपचार का उल्लेख है या नहीं।

भावना में–डर, आशा या जल्दबाज़ी निर्णय को कमजोर बना देते हैं। शांत व्यक्ति ही सही चुनाव करता है।

अब व्यावहारिक बात– असली रत्नों में हल्की रेखाएँ, धुंध या बनावट सामान्य हो सकती है। मशीन जैसी परफेक्ट चमक कई बार संदेह पैदा करती है। वहीं बहुत टूटा, मटमैला या असमान पत्थर भी ठीक नहीं। पहचान संतुलन से होती है, अतियों से नहीं।

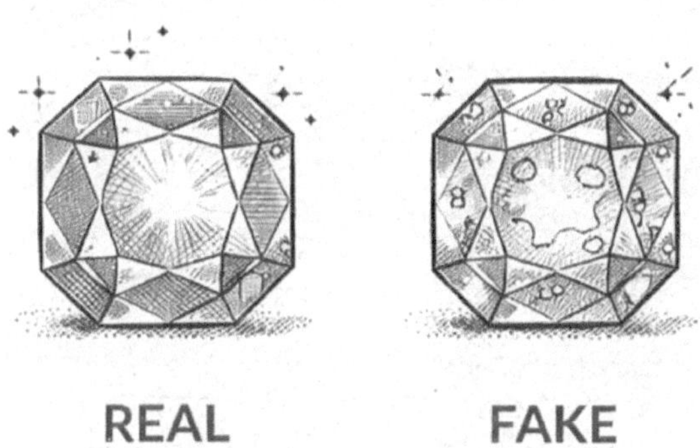

एक उदाहरण–कई लोग ग्रीन ओनिक्स को पन्ना समझ लेते हैं। समस्या पत्थर नहीं, गलत जानकारी है। सच पता हो तो कोई दिक्कत नहीं; भ्रम ही असली समस्या है।

एक नियम याद रखें–
बहुत बड़ा नाम + बहुत कम कीमत = सावधानी।
अच्छे रत्न सस्ते नहीं मिलते।

कुछ सामान्य धोखे–

- माणिक्य → लाल काँच / सिंथेटिक
- मोती → प्लास्टिक / कोटेड
- मूंगा → नकली या रंगा हुआ
- पन्ना → ग्रीन ओनिक्स / काँच
- पुखराज → सिट्रीन
- हीरा → ज़िरकोनिया / मोइसानाइट
- नीलम → नीला काँच / सिंथेटिक

उपचार भी आम हैं–हीटिंग, ऑयलिंग, फिलिंग आदि। ये गलत नहीं, लेकिन जानकारी छिपाना गलत है।

अब आम व्यक्ति क्या करे?

- विश्वसनीय विक्रेता चुनें
- सही नाम लिखित में लें
- प्रमाणपत्र समझकर पढ़ें
- चमक से प्रभावित न हों
- सस्ते बड़े वादों से बचें

- संभव हो तो लैब जांच कराएँ
- साफ पूछें–प्राकृतिक है या नहीं, उपचारित है या नहीं

एक छोटी समझ–
सही समय पर सही सवाल, आधी ठगी रोक देता है।

घर के "टेस्ट" (दूध, पानी, काटना आदि) भरोसेमंद नहीं हैं। आज के समय में ये तरीके न तो सटीक हैं, न सुरक्षित। सही तरीका है–
स्रोत + सवाल + जांच।

एक और स्पष्ट बात–
"असली" का मतलब तय करें–प्राकृतिक? untreated? सही variety? सही उद्देश्य?

हल्की खामियाँ हमेशा खराब नहीं होतीं। ज़रूरी है कि पत्थर संतुलित और जीवंत हो।

और एक व्यावहारिक सच–
नकली मुख्य रत्न से बेहतर है सच्चा उपरत्न।
कम से कम भ्रम नहीं रहेगा।

भावनात्मक पक्ष भी समझिए–
रत्न कई बार आशा से जुड़ा होता है। इसलिए खरीदते समय सावधानी ही सबसे बड़ा सुरक्षा कवच है।

अगर पूरे अध्याय को एक लाइन में कहें–
रत्न खरीदते समय आँख से ज़्यादा दिमाग खुला रखिए।

समग्र रूप से–सही जानकारी, सही स्रोत, सही सवाल और धैर्य–ये चार चीज़ें आपको ठगी से बचा सकती हैं।अब अगला सवाल स्वाभाविक है–
क्या रत्नों के दुष्प्रभाव भी हो सकते हैं?
इसी को हम अगले अध्याय में समझेंगे।

***

अध्याय 19

रत्नों के दुष्प्रभाव, सावधानियाँ और निषेध

रत्नों के लाभ जितने उत्साह से बताए जाते हैं, दुष्प्रभाव उतनी ही जल्दी डर पैदा कर देते हैं। सच यह है–न अति-विश्वास सही है, न अति-भय। संतुलन ही सही दृष्टि है।

सबसे पहले समझ लें–"दुष्प्रभाव" कोई फिल्मी घटना नहीं होता। अक्सर इसका मतलब होता है असहजता–जैसे भारीपन, बेचैनी, चिड़चिड़ापन या असंतुलन। यह मनोवैज्ञानिक भी हो सकता है या व्यक्ति और रत्न के बीच असंगति का परिणाम। इसलिए इसे नाटकीय नहीं, व्यावहारिक रूप में समझना चाहिए।

गलती कई स्तर पर हो सकती है–

- गलत चयन
- ज्योतिषीय असंगति (यदि उस आधार पर चुना गया हो)
- स्वभाव से मेल न खाना
- नकली या संदिग्ध रत्न
- डर या लालच में लिया गया निर्णय

इनमें से कोई भी कारण बाद में समस्या बन सकता है।

उदाहरण समझिए–
पहले से आक्रामक व्यक्ति मूंगा पहन ले, तो उसका स्वभाव और असंतुलित लग सकता है।
या कोई भयभीत व्यक्ति नीलम पहनकर हर घटना को उसी से जोड़ने लगे।

ऐसे मामलों में समस्या रत्न से ज़्यादा मानसिक स्थिति और चयन की होती है।

कुछ रत्न परंपरा में "संवेदनशील" माने गए हैं–जैसे नीलम, गोमेद, लहसुनिया। इसका मतलब यह नहीं कि वे खतरनाक हैं, बल्कि यह कि उन्हें अधिक समझ के साथ धारण करना चाहिए।

अब असली सवाल–क्या गलत रत्न नुकसान करता है? व्यावहारिक रूप से तीन तरह से–

- मानसिक असहजता
- निर्णय में भ्रम
- डर या लालच को बढ़ाना

और ये तीनों ही पर्याप्त कारण हैं सावधानी के लिए।

"सूट करना" भी इसी अनुभव की भाषा है–
कुछ को सहजता मिलती है, कुछ को कुछ फर्क नहीं पड़ता, कुछ को असहजता।
यहाँ ज़रूरी है कि व्यक्ति शांत मन से देखे, तुरंत निष्कर्ष न निकाले।

अब सीधी सावधानियाँ–

1. **डर में रत्न न पहनें**
   डर में लिया गया निर्णय लगभग हमेशा गलत होता है।

2. **लालच में न पहनें**
   रत्न कोई शॉर्टकट या लॉटरी नहीं है।

3. **एक साथ बहुत सारे रत्न न पहनें**
   वरना स्पष्टता खत्म हो जाती है।

4. **विरोधी संयोजन समझकर ही करें**
   खासकर यदि ज्योतिषीय आधार पर पहन रहे हैं।

5. **मानसिक अस्थिरता में तीव्र रत्नों से बचें**
   पहले स्थिरता, फिर चयन।

6. **नकली रत्न को उपाय मानकर न पहनें**
   बेहतर है सच्चा उपरत्न लें, पर भ्रम में न रहें।

7. **हर घटना को रत्न से न जोड़ें**
   यह निर्णय क्षमता को कमजोर करता है।

8. **शारीरिक कारणों को नजरअंदाज न करें**
   एलर्जी, फिटिंग या धातु की समस्या को "असर" न समझें।

दुष्प्रभाव कैसे दिख सकते हैं?
बेचैनी, भारीपन, चिड़चिड़ापन, या यह महसूस होना कि निर्णय अब रत्न ले रहा है।
आखिरी स्थिति सबसे खतरनाक है–जब व्यक्ति जिम्मेदारी छोड़ देता है।

एक सामान्य गलती–हर समस्या का कारण रत्न मान लेना। जबकि जीवन में घटनाओं के कई कारण होते हैं।

अब निषेध को सही तरह समझें–
निषेध का मतलब "कभी नहीं" नहीं, बल्कि–
अभी नहीं, इस व्यक्ति के लिए नहीं, इस स्थिति में नहीं।

उदाहरण–

- बहुत आक्रामक व्यक्ति → मूंगा सावधानी से
- अत्यधिक अहंकारी → माणिक्य सोच-समझकर
- बहुत भयभीत → नीलम या गोमेद सावधानी से

यानी निषेध व्यक्ति-आधारित है, रत्न-आधारित नहीं।

कुछ व्यावहारिक बातें–

रत्न टूट जाए तो?
हर बार अशुभ नहीं, पर टूटा हुआ रत्न बदलना बेहतर है–व्यावहारिक और मानसिक दोनों कारणों से।

उतारना हो तो?
सम्मान के साथ उतारें–क्योंकि संबंध केवल वस्तु का नहीं होता।

एक बहुत जरूरी बात–
रत्न किसी भी गंभीर समस्या का विकल्प नहीं हैं।
स्वास्थ्य, मानसिक स्थिति, आर्थिक या कानूनी मुद्दों का समाधान वास्तविक कदमों में ही है।
रत्न अधिकतम एक सहायक प्रतीक हो सकता है।

अब पूरी बात एक लाइन में–
रत्न का सबसे बड़ा दुष्प्रभाव अक्सर गलत पत्थर से पहले गलत समझ से शुरू होता है।

अगर समझ साफ हो, चयन सोच-समझकर हो और अपेक्षा संतुलित हो–तो जोखिम कम हैं।
अगर डर, लालच और जल्दबाज़ी साथ हों–तो साधारण रत्न भी समस्या बन सकता है।

अंत में–
सावधानी डर नहीं, परिपक्वता है।
जितना समझेंगे, उतना कम डरेंगे और उतनी कम गलती करेंगे।

और अब अगला कदम–
रत्नों से जुड़े मिथक और उनकी सच्चाई।

***

अध्याय 20

रत्नों से जुड़े आम मिथक और उनकी सच्चाई

रत्नों की दुनिया में सच, परंपरा, अनुभव और बाज़ार कई बार एक साथ मिल जाते हैं। नतीजा–आधा ज्ञान, और वही आगे चलकर मिथक बन जाता है।

1. **रत्न पहनते ही भाग्य बदल जाता है**
   आकर्षक, लेकिन अधूरा विचार। रत्न सहायक हो सकता है–मनोबल, स्पष्टता या आस्था का केंद्र। पर जीवन कर्म, निर्णय, समय और परिस्थिति से चलता है। रत्न पूरी कहानी नहीं, एक छोटा हिस्सा है।

2. **महंगा रत्न ही असर करेगा**
   कीमत महत्वपूर्ण है, पर निर्णायक नहीं। महंगा रत्न भी निरर्थक हो सकता है, और सही उद्देश्य से लिया गया साधारण पत्थर अधिक अर्थपूर्ण। "महंगा = बेहतर" कोई नियम नहीं।

3. **नकली रत्न भी आस्था से बराबर असर देगा**
   आधा सच। प्रतीक के रूप में असर हो सकता है, लेकिन ज्योतिषीय रत्न समझकर नकली पहनना भ्रम है। सच को सच नाम देना जरूरी है।

4. **नीलम हमेशा खतरनाक होता है**
   न डर का रत्न, न चमत्कार का। यह सावधानी मांगता है,

क्योंकि इसे गंभीर प्रभावों से जोड़ा गया है। सही व्यक्ति के लिए यह स्थिरता और अनुशासन का प्रतीक भी हो सकता है।

5. **पुखराज पहनते ही शादी हो जाती है**
सरलीकृत सोच। विवाह कई कारकों का परिणाम है। पुखराज धैर्य और दिशा का प्रतीक हो सकता है, पूरी जिम्मेदारी नहीं उठाता।

6. **मोती सिर्फ महिलाओं के लिए है**
गलत। मोती मन और शांति से जुड़ा है–जो सभी के लिए समान है।

7. **हीरा सबको सूट करता है**
सुंदर होने का मतलब सार्वभौमिक उपयुक्तता नहीं। शुक्र से जुड़ा होने के कारण इसमें भी सोच जरूरी है–खासकर जब इसे उपाय की तरह पहना जाए।

8. **हर राशि का एक तय रत्न होता है**
सरल लेकिन अधूरा तरीका। सही चयन केवल राशि पर नहीं, पूरे संदर्भ पर आधारित होना चाहिए।

9. **बड़ा रत्न = ज्यादा असर**
आकार एक कारक है, लेकिन गुणवत्ता और उपयुक्तता अधिक महत्वपूर्ण हैं। बड़ा लेकिन गलत पत्थर, छोटे सही पत्थर से कम प्रभावी हो सकता है।

10. **असर तुरंत दिखना चाहिए**
यह अपेक्षा ही गलत है। बदलाव अक्सर धीरे आता है और कई बार व्यक्ति खुद उसे नोटिस नहीं करता।

11. **रत्न टूट जाए तो बड़ा अनर्थ होगा**
अधिकतर मामलों में कारण साधारण होता है–चोट, घिसाव, या संरचना। परंपरा में टूटे रत्न को न पहनने की सलाह है, पर इसे तुरंत अपशकुन मानना उचित नहीं।

12. **रत्न उतार दिया तो नुकसान होगा**
यह निर्भरता है, समझ नहीं। रत्न सम्मान से पहना जाता है, और जरूरत हो तो उतारा भी जा सकता है।

13. **जो दूसरों पर काम करे, वही मेरे लिए भी करेगा**
हर व्यक्ति अलग है। नकल यहाँ काम नहीं करती।

14. **उपरत्न बेकार होते हैं**
गलत। उनका भी स्थान है–बस उन्हें सच के साथ अपनाना चाहिए, भ्रम के साथ नहीं।

15. **विज्ञान ने साबित नहीं किया, इसलिए सब झूठ है**
यह भी अतिवाद है। रत्नों में अनुभव, मनोविज्ञान, परंपरा और विश्वास का मिश्रण है। इसे पूरी तरह चमत्कार या पूरी तरह झूठ कहना–दोनों अधूरे दृष्टिकोण हैं।

16. **रत्न मेहनत की जगह ले सकता है**
सबसे नुकसानदेह मिथक। रत्न सहायक हो सकता है, पर श्रम, अनुशासन और निर्णय का विकल्प नहीं।

17. **हर समस्या का हल रत्न में है**
जीवन की कई समस्याएँ अलग समाधान मांगती हैं–स्वास्थ्य, आदतें, संबंध, वित्त। रत्न की अपनी सीमा है।

18. **जितना रहस्यमय रत्न, उतना शक्तिशाली**
शक्ति का मतलब डर या रहस्य नहीं। कई बार सरल रत्न ही सबसे अधिक संतुलन देते हैं।

अब पूरी बात सीधी–

भ्रम दो जगह से पैदा होता है:

- बहुत ज़्यादा उम्मीद
- बहुत ज़्यादा डर

सच इनके बीच में है।

रत्न न चमत्कार हैं, न बेकार वस्तु।
वे प्रतीक हैं–सहायक, सीमित, और अर्थपूर्ण।

अगर एक लाइन में कहें–
रत्नों से उतना ही लो जितना वे सच में दे सकते हैं, बाकी कहानी मत जोड़ो।

यही संतुलन आपको अंधविश्वास और उपहास–दोनों से बचाता है।

अब अगला कदम–
आज के समय में रत्नों की सही जगह क्या है, यही हम आगे समझेंगे।

***

अध्याय 21

रत्नों की देखभाल, शुद्धि और संरक्षण

रत्न को खरीदकर पहन लेना अंत नहीं, मध्य है। उसके बाद सबसे जरूरी है–देखभाल। उपेक्षा से सबसे कीमती वस्तु भी अपनी चमक और उपयोग दोनों खो देती है।

कई लोग रत्न खरीदते समय सजग रहते हैं, लेकिन पहनने के बाद ध्यान कम हो जाता है। वही अंगूठी हर काम में लगी रहती है–बर्तन, सफाई, मशीन, बाहर का काम। धीरे-धीरे चमक कम, मैल जमा, सेटिंग ढीली। फिर लगता है–"रत्न की शक्ति कम हो गई।" जबकि समस्या अक्सर देखभाल की होती है।

सबसे पहले समझिए–हर रत्न समान रूप से मजबूत नहीं होता।
हीरा कठोर है, पर अटूट नहीं।
पन्ना सुंदर है, पर संवेदनशील हो सकता है।
मोती और मूंगा रसायनों से जल्दी प्रभावित होते हैं।
ओपल ताप और नमी से बदल सकता है। यानी–कीमती होना और मजबूत होना एक ही बात नहीं।

पहला नियम–अनावश्यक दबाव से बचाएँ। जिम, भारी काम, केमिकल, मशीन–इन सबमें रत्न को उतारना बेहतर है। लगातार दबाव से सेटिंग ढीली और पत्थर प्रभावित हो सकता है।

कई बार समस्या रत्न की नहीं, गंदगी की होती है। साबुन, धूल और त्वचा की परत नीचे जमा होकर चमक कम कर देती है।

सफाई कैसे करें

सामान्य रत्नों के लिए–
हल्का गुनगुना पानी + माइल्ड साबुन + मुलायम ब्रश या कपड़ा पर्याप्त है।

ध्यान रखें–

- बहुत गर्म पानी नहीं

- तेज़ रसायन नहीं
- कठोर घिसाई नहीं

संवेदनशील रत्नों में सावधानी ज़्यादा–

- मोती → सिर्फ़ नम कपड़े से
- मूंगा → हल्की सफाई
- पन्ना → बार-बार कठोर सफाई नहीं

यानी–हर रत्न की सफाई अलग होती है।

अल्ट्रासोनिक क्लीनर?
हर रत्न के लिए सुरक्षित नहीं। पन्ना, मोती, मूंगा, ओपल जैसे पत्थरों को नुकसान हो सकता है। बिना समझ के उपयोग न करें।

शुद्धि (परंपरा + मन)

परंपरा में शुद्धि केवल सफाई नहीं–भाव भी है।

- गंगाजल
- जल या दूध
- पूजन
- विशेष दिन

जो व्यक्ति परंपरा मानता है, उसके लिए यह श्रद्धा है। जो नहीं मानता, उसके लिए भी यह एक तरह का **मानसिक रीसेट** है–रुकना, देखना, फिर से जुड़ना।

एक सुंदर बात–रत्न को समय देना, उसे "संबंध" की तरह देखना।

ध्यान रखें–
हर विधि हर रत्न पर लागू नहीं।
धूप, नमक या शुष्कता कुछ पत्थरों को नुकसान पहुँचा सकती है।

सुरक्षित रखना

सबसे आम गलती–सब आभूषण एक साथ रखना।

समस्या–

- खरोंच
- सेटिंग ढीली
- धातु मुड़ना

बेहतर तरीका–
अलग बॉक्स, अलग थैली या कम्पार्टमेंट।

कठोर रत्न (जैसे हीरा) भी दूसरों को नुकसान पहुँचा सकते हैं, इसलिए अलग रखना बेहतर है।

नियमित जाँच

कभी-कभी बस निकालकर देखें–

- पकड़ ढीली तो नहीं
- दरार तो नहीं
- चमक ठीक है या नहीं

छोटी जाँच बड़ी समस्या से बचाती है।

दोबारा जड़वाना

पुराने रत्न को नई सेटिंग में डालना आसान काम नहीं।
अनुभवी कारीगर जरूरी है।
गलत दबाव से पत्थर टूट सकता है–खासकर पन्ना जैसे संवेदनशील रत्न।

यह सिर्फ डिज़ाइन नहीं, **विरासत की सुरक्षा** है।

टूट-फूट

रत्न में दरार या चिप दिखे तो–
पहले कारण समझें।

हर बार अशुभ नहीं, पर–
टूटा या ज्यादा क्षतिग्रस्त रत्न पहनना उचित नहीं।

कारण व्यावहारिक भी है–
ऐसा पत्थर आगे और खराब हो सकता है, और पहनने वाला भी सहज नहीं रहता।

रोज़मर्रा की सावधानियाँ

- परफ्यूम, हेयरस्प्रे के बाद रत्न पहनें
- क्लोरीन वाले पानी में न पहनें
- संवेदनशील रत्नों को पसीने और रसायनों से बचाएँ

"दूसरे छू लें तो असर जाएगा?"

यह अधिकतर भावनात्मक पक्ष है।
अगर रत्न से निजी जुड़ाव है, तो उसे साझा न करना स्वाभाविक है।
लेकिन हर स्पर्श को अशुद्ध मानना जरूरी नहीं।

आधुनिक सावधानी

महंगे रत्नों के लिए–

- रिकॉर्ड
- फोटो
- बिल
- प्रमाणपत्र

यह आध्यात्मिक नहीं, व्यावहारिक सुरक्षा है।

सबसे सरल नियम

कभी-कभी रत्न को बस ध्यान से देखिए–
क्या वह साफ है?
क्या ठीक से जड़ा है?
क्या आप उससे जुड़े हुए हैं?

यही आदत रत्न को "जीवित" रखती है।

सार

रत्न केवल पहने नहीं जाते, संभाले भी जाते हैं।

सफाई, सुरक्षा, शुद्धि, जाँच और सम्मान–
यही देखभाल है।

जो यह समझ लेता है, उसका रत्न सिर्फ सुंदर नहीं, लंबे समय तक अर्थपूर्ण भी रहता है।

***

अध्याय 22

आधुनिक जीवन में रत्न शास्त्र

आधुनिक जीवन ने रत्नों को खत्म नहीं किया, बस उनके अर्थ बदल दिए हैं। आज कोई उन्हें उपाय की तरह देखता है, कोई प्रतीक, कोई फैशन, और कोई मन की एंकरिंग। यही बदलाव उन्हें आज भी प्रासंगिक बनाता है।

पहले रत्न घर, परंपरा और स्थानीय विश्वास तक सीमित थे। आज वही दुनिया सोशल मीडिया, ई-कॉमर्स और ऑनलाइन सलाह तक फैल चुकी है। पहुँच बढ़ी है, लेकिन भ्रम भी। इसलिए पहली जरूरत है– **जानकारी को ज्ञान समझने की गलती न करें।**

आज पाँच मिनट के वीडियो से लोग निष्कर्ष निकाल लेते हैं–"यह पहन लो, सब ठीक हो जाएगा।" यही आधुनिक समस्या है–जटिल विषयों का त्वरित निष्कर्ष। रत्न शास्त्र धीमी समझ मांगता है, न कि फटाफट फैसले।

उपयोग कैसे बदला है

पहले दो कारण थे–आभूषण या ज्योतिष।
अब तीसरा जुड़ा है–**व्यक्तिगत प्रतीक।**

कोई मोती शांति के लिए पहनता है,
कोई पन्ना स्पष्टता के लिए,
कोई हीरा या ओपल सौंदर्य और भाव के लिए।

अब रत्न केवल ग्रह नहीं, **आंतरिक भाव का माध्यम** भी हैं।

आधुनिक खतरा–बाजार

जहाँ व्यापार होगा, वहाँ आकर्षक भाषा भी होगी–
“guaranteed marriage”,
“instant promotion”,
“billionaire stone”

आज जो बातें पहले धीमे कही जाती थीं, अब marketing बन चुकी हैं।
इसलिए रत्न खरीदना अब सिर्फ पसंद नहीं, **media literacy** का विषय भी है।

फैशन vs उपाय

रत्न सुंदर लगते हैं–और इसमें कोई समस्या नहीं।
समस्या तब होती है जब–
फैशन को उपाय समझ लिया जाए,
या उपाय को सिर्फ फैशन बना दिया जाए। अगर आप ज़िरकोनिया फैशन के लिए पहन रहे हैं–ठीक है।
पर उसे शुक्र मजबूत करने वाला मानना–भ्रम है।

यह फर्क आज पहले से ज्यादा जरूरी है।

प्रमाणपत्र की समझ

आज प्रमाणपत्र आम हैं, पर समझ कम।

सवाल यह नहीं कि कागज़ है या नहीं, बल्कि–

- क्या वह प्राकृतिक है?
- क्या उपचार बताया गया है?
- क्या नाम सही है?

आधुनिक खरीदार को अब **पढ़ना और समझना** दोनों आना चाहिए।

ऑनलाइन खरीदारी

सुविधा भी, जोखिम भी।

- फोटो रंग बदल सकता है
- वीडियो आकार बढ़ा सकता है
- शब्द भ्रम पैदा कर सकते हैं

इसलिए–
विक्रेता, रिटर्न पॉलिसी, विवरण और अपनी समझ–सब ज़रूरी हैं।

आधुनिक दृष्टि–मनोविज्ञान

अब हम समझते हैं कि प्रतीक व्यवहार को प्रभावित करते हैं।

मोती → ठहराव की याद
पन्ना → सोचकर बोलना

माणिक्य → आत्मसम्मान
पुखराज → धैर्य
नीलम → अनुशासन

यह जादू नहीं, **स्मरण की स्थिरता** है।

आत्म-संकेत का उपयोग

आज लोग रत्न को संकल्प के साथ जोड़ते हैं–

- ध्यान के समय
- कार्यस्थल पर
- व्यक्तिगत याद के रूप में

यह आधुनिक और पारंपरिक का मेल है–और संतुलित हो तो बिल्कुल ठीक है।

एक ज़रूरी सीमा

रत्न किसी भी चीज़ का विकल्प नहीं–
न डॉक्टर,
न थेरेपी,
न मेहनत,
न निर्णय।

वे सहायक हो सकते हैं, समाधान नहीं।

आधुनिक अर्थ

आज रत्न कई रूपों में मौजूद हैं–

- परंपरा
- फैशन

- मनोवैज्ञानिक सहारा
- निजी प्रतीक
- (कुछ के लिए) ग्रह उपाय

और लोग अब उन्हें अपने तरीके से अर्थ दे रहे हैं।

एक साफ संतुलन

- परंपरा का सम्मान करें, पर आँखें खुली रखें
- प्रमाण देखें, पर भाषा से न बहें
- सुविधा लें, पर जांच भी करें
- अर्थ समझें, पर कल्पना न बढ़ाएँ
- फैशन करें, पर अंतर समझें

सबसे सीधी बात

आज के समय में वही रत्न उपयोगी है जो आपको थोड़ा अधिक सजग, स्पष्ट और अपने भीतर से जुड़ा बनाए।

जो डर, दिखावा या निर्भरता बढ़ाए–वह दिशा गलत है। जो आपको याद दिलाए कि आप कैसे जीना चाहते हैं–वही सही है।

निष्कर्ष

रत्न शास्त्र खत्म नहीं हुआ, उसने रूप बदला है।

अब यह–
परंपरा भी है,
प्रतीक भी,
फैशन भी,
मनोवैज्ञानिक सहारा भी।

और इसकी सबसे सही जगह वही है जहाँ–
सम्मान और विवेक साथ चलें।

न अंधविश्वास, न उपहास।
न डर, न झूठी गारंटी।

बस समझ, संतुलन और सजग उपयोग।

***

परिशिष्ट 1

नौ ग्रह और उनके प्रमुख रत्न

भारतीय रत्न परंपरा में नौ ग्रहों और नौ मुख्य रत्नों का संबंध बहुत प्रसिद्ध और बहुत पुराना माना गया है। यह संबंध केवल नाम का नहीं, बल्कि गुण, प्रकृति, प्रभाव और प्रतीक के स्तर पर भी समझा गया। नीचे दिया गया संक्षिप्त परिचय पाठक को जल्दी समझने में मदद करेगा कि कौन-सा ग्रह किस प्रमुख रत्न से जोड़ा गया है और सामान्य रूप से उससे कौन-से भाव जुड़े माने जाते हैं।

1. **सूर्य – माणिक्य**

   सूर्य को आत्मबल, तेज, प्रतिष्ठा, पिता, नेतृत्व, आत्मसम्मान और जीवन-ऊर्जा का कारक माना गया है। माणिक्य को सूर्य का प्रमुख रत्न माना गया। यह रत्न परंपरा में गरिमा, प्रभाव, आत्मविश्वास और व्यक्तित्व की आभा से जोड़ा गया है।

2. **चंद्रमा – मोती**

   चंद्रमा मन, भावनाएँ, मातृत्व, शांति, संवेदनशीलता, कल्पना और मानसिक संतुलन से जुड़ा माना गया। मोती को चंद्रमा का रत्न कहा गया। यह शांति, कोमलता, भावनात्मक संतुलन और मानसिक सुकून का प्रतीक माना जाता है।

3. **मंगल – मूंगा**

   मंगल को साहस, संघर्ष-शक्ति, रक्त, भूमि, सुरक्षा, कार्रवाई, जोखिम और ऊर्जा से जोड़ा गया। मूंगा मंगल का रत्न माना

गया। यह रत्न हिम्मत, सक्रियता, आत्मरक्षा और निर्णय की दृढ़ता से संबंधित माना जाता है।

4. **बुध – पन्ना**

बुध बुद्धि, वाणी, स्मरण, लेखन, गणना, व्यापार, विश्लेषण और संचार का ग्रह माना गया। पन्ना उसका प्रमुख रत्न है। यह स्पष्ट सोच, अच्छी अभिव्यक्ति, संतुलित संवाद और व्यावहारिक समझ का प्रतीक माना जाता है।

5. **बृहस्पति – पुखराज**

बृहस्पति को गुरु, ज्ञान, धर्म, सद्बुद्धि, विवाह, संतान, आशीर्वाद, सलाह और जीवन-दिशा का कारक माना गया। पुखराज को इसका रत्न माना गया। यह रत्न शुभता, परिपक्वता, जीवन में सही दिशा और गुरु-कृपा से जोड़ा जाता है।

6. **शुक्र – हीरा**

शुक्र सौंदर्य, प्रेम, आकर्षण, कला, सुख, विलास, परिष्कार, दांपत्य और जीवन के रस का ग्रह माना गया। हीरा शुक्र का प्रमुख रत्न माना गया। यह सौंदर्यबोध, जीवन की चमक, संबंधों की मधुरता और आकर्षण का प्रतीक माना जाता है।

7. **शनि – नीलम**

शनि कर्म, समय, अनुशासन, धैर्य, न्याय, श्रम, वास्तविकता, जिम्मेदारी और स्थिरता का ग्रह माना गया। नीलम शनि का प्रमुख रत्न है। यह गहराई, अनुशासन, ठोस प्रगति और कर्मफल की गंभीरता से जुड़ा माना जाता है।

8. **राहु – गोमेद**

राहु को भ्रम, महत्वाकांक्षा, छवि, असामान्य सोच, धुंध, अस्थिरता, अचानक बदलाव और जटिल दुनियावी स्थितियों से जोड़ा गया। गोमेद उसका रत्न माना गया। यह सावधानी,

दिशा, जटिल परिस्थितियों में मानसिक संतुलन और धुंध के बीच स्पष्टता का प्रतीक माना जाता है।

9. **केतु – लहसुनिया**

केतु को वैराग्य, कटाव, अध्यात्म, सूक्ष्मता, अंतर्दृष्टि, अदृश्य भय, एकाग्रता और भीतर की यात्रा से जोड़ा गया। लहसुनिया इसका रत्न माना गया। यह सजगता, भीतर की चेतना, सूक्ष्म समझ और अदृश्य स्तर की सतर्कता का प्रतीक माना जाता है।

***

परिशिष्ट 2

प्रमुख रत्नों के उपरत्न

हर व्यक्ति मुख्य रत्न नहीं खरीद सकता, और हर स्थिति में मुख्य रत्न लेना आवश्यक भी नहीं होता। इसी कारण उपरत्नों की परंपरा बनी। ये कम मूल्य वाले, अधिक सुलभ या अपेक्षाकृत सौम्य विकल्प माने जाते हैं। नीचे प्रमुख रत्नों के साथ सामान्य रूप से जोड़े जाने वाले कुछ उपरत्न दिए जा रहे हैं।

1. **माणिक्य के उपरत्न**

    - लालड़ी
    - लाल स्पिनेल
    - कुछ स्थितियों में लाल गार्नेट
    - कार्नेलियन (प्रतीकात्मक उपयोग में)

2. **मोती के उपरत्न**

    - चंद्रकांत मणि (मूनस्टोन)
    - कुछ लोग सफेद ओपल को भी चंद्र-प्रतीक की तरह देखते हैं, पर यह परंपरागत विकल्प नहीं

3. **मूंगे के उपरत्न**

- लाल अकीक
- कार्नेलियन
- लाल जेस्पर
- कुछ हल्के लाल समुद्री पत्थर

4. **पन्ना के उपरत्न**

- पेरिडॉट
- हरा ओनिक्स
- ग्रीन टूरमलीन
- कभी-कभी ग्रीन अवेंचुरिन प्रतीकात्मक उपयोग में

5. **पुखराज के उपरत्न**

- सुनैला
- सिट्रीन
- येलो टोपाज़
- गोल्डन बेरिल

6. **हीरे के उपरत्न**

- सफेद ज़िरकन
- ओपल
- व्हाइट सफायर

- कुछ लोग अमेरिकन डायमंड पहनते हैं, पर वह ज्योतिषीय उपरत्न नहीं, सजावटी विकल्प अधिक है

7. **नीलम के उपरत्न**

- ऐमेथिस्ट
- लाजवर्त
- ब्लू स्पिनेल
- आयोलाइट
- कुछ मामलों में ब्लू टोपाज़ प्रतीकात्मक रूप में

8. **गोमेद के उपरत्न**

- हनी-कलर गार्नेट
- शहदिया अकीक
- दालचीनी रंग के कम मूल्य वाले गार्नेट

9. **लहसुनिया के उपरत्न**

- कम मूल्य वाला कैट्स-आई प्रभाव वाला पत्थर
- क्वार्ट्ज कैट्स-आई
- कुछ रेशेदार संरचना वाले प्रतीकात्मक पत्थर

महत्त्वपूर्ण सावधानी: उपरत्न उपयोगी हो सकते हैं, लेकिन उन्हें मुख्य रत्न बताकर बेचना धोखा है। उपरत्न का अपना मूल्य है, पर उसे उसके सही नाम और सही समझ के साथ ही धारण करना चाहिए।

***

परिशिष्ट 3

धारण-विधि संक्षेप तालिका

नीचे दी गई तालिका पारंपरिक रूप से प्रचलित धारण-विधि की एक सरल संक्षिप्त रूपरेखा है। अलग-अलग परंपराओं में थोड़ा अंतर हो सकता है, इसलिए यह अंतिम नियम नहीं, बल्कि एक सामान्य मार्गदर्शक समझी जानी चाहिए।

ग्रह	प्रमुख रत्न	सामान्य धातु	सामान्य उँगली	सामान्य दिन	सामान्य मंत्र
सूर्य	माणिक्य	सोना	अनामिका	रविवार	ॐ सूर्याय नमः
चंद्रमा	मोती	चाँदी	कनिष्ठा	सोमवार	ॐ सोमाय नमः / ॐ चंद्राय नमः
मंगल	मूंगा	सोना / तांबा	अनामिका	मंगलवार	ॐ मंगलाय नमः
बुध	पन्ना	सोना	कनिष्ठा	बुधवार	ॐ बुधाय नमः
बृहस्पति	पुखराज	सोना	तर्जनी	गुरुवार	ॐ बृहस्पतये नमः

शुक्र	हीरा	सफेद सोना / चाँदी / प्लैटिनम / सोना	अनामिका	शुक्रवार	ॐ शुक्राय नमः
शनि	नीलम	चाँदी / पंचधातु	मध्यमा	शनिवार	ॐ शनैश्चराय नमः
राहु	गोमेद	चाँदी / पंचधातु	मध्यमा / अनामिका	शनिवार / विशेष मुहूर्त	ॐ राहवे नमः
केतु	लहसुनिया	चाँदी / पंचधातु	मध्यमा / कनिष्ठा	मंगलवार / बुधवार / विशेष मुहूर्त	ॐ केतवे नमः

धारण से पहले सामान्य विधि

1. स्नान करके स्वच्छ वस्त्र धारण करें।
2. रत्न को साफ जल, गंगाजल या परंपरा अनुसार दूध-जल से स्पर्श कराएँ।
3. उसे कुछ क्षण पूजा स्थान या स्वच्छ स्थान पर रखें।
4. संबंधित ग्रह या अपने इष्ट का स्मरण करें।
5. मंत्र का जप करें।
6. शांत मन से धारण करें।
7. धारण करते समय उद्देश्य स्पष्ट रखें।

***

परिशिष्ट 4

प्राचीन परंपरा में उल्लिखित चौरासी रत्नों की संकलित नामावली

भारतीय रत्न-परंपरा में नवरत्नों का स्थान सबसे ऊँचा माना गया, लेकिन उनके अतिरिक्त भी अनेक रत्न, उपरत्न और अर्ध-मूल्यवान पत्थरों का उल्लेख मिलता है। समय, क्षेत्र, ग्रंथ, परंपरा और व्यावहारिक उपयोग के अनुसार इनकी सूचियों में थोड़ा अंतर पाया जाता है। कहीं 84 रत्नों की, कहीं 84 उपरत्नों की, और कहीं 9 मुख्य रत्नों सहित विस्तृत रत्न-वर्गीकरण की चर्चा मिलती है। इसी कारण नीचे दी गई सूची को अंतिम और एकमात्र निर्णायक सूची न मानकर पारंपरिक रूप से प्रचलित नामों का संकलित रूप समझा जाना चाहिए।

नीचे दी गई नामावली में पहले नवरत्न, फिर प्रचलित उपरत्न और अन्य पारंपरिक पत्थर क्रमबद्ध रूप में दिए जा रहे हैं।

1 से 9: मुख्य नवरत्न

1. माणिक्य
2. मोती
3. मूंगा
4. पन्ना
5. पुखराज

6. हीरा

7. नीलम

8. गोमेद

9. लहसुनिया

10 से 24: अधिक प्रचलित उपरत्न

10. सुनैला

11. चंद्रकांत मणि

12. लालड़ी

13. लाल अकीक

14. कार्नेलियन

15. पेरिडॉट

16. हरा ओनिक्स

17. ग्रीन टूरमलीन

18. ओपल

19. सफेद ज़िरकन

20. ऐमेथिस्ट

21. लाजवर्त

22. आयोलाइट

23. येलो टोपाज़

24. ब्लू स्पिनेल

25 से 40: अर्ध-मूल्यवान और पारंपरिक उपयोग वाले रत्न

25. स्फटिक
26. गुलाबी स्फटिक
27. धूम्र स्फटिक
28. गोमेदी अकीक
29. काला अकीक
30. सफेद अकीक
31. हरा अकीक
32. लाल गार्नेट
33. हनी गार्नेट
34. टाइगर्स आई
35. कैट्स आई क्वार्ट्ज
36. जेड
37. फ़िरोज़ा
38. लापीस लाजुली
39. एवेंचुरिन
40. ब्लडस्टोन

41 से 56: रंग, रूप या पारंपरिक उपयोग के आधार पर प्रसिद्ध पत्थर

41. सुलेमानी हकीक

42. मूसागिरी पत्थर

43. जमुनिया

44. दूधिया पत्थर

45. सूर्यकांत मणि

46. मरियम पत्थर

47. आबे-ज़मज़म पत्थर

48. गोमेधक

49. प्रवाल

50. मरकत

51. पुष्पराग

52. वैडूर्य

53. मुक्ताशुक्ति

54. संग-ए-यशब

55. संग-सितारा

56. संग-सुलेमानी

57 से 70: प्रचलित नामों, लोक-प्रयोगों और विविध रत्नों का समूह

57. पुखराजी पत्थर

58. सफेद पुखराज

59. पीत मणि

60. रक्त मणि
61. नील मणि
62. रजत मणि
63. भस्म मणि
64. यश रत्न
65. तेज रत्न
66. शुभ मणि
67. चंद्रमणि
68. सूर्य मणि
69. नागमणि
70. शंखमणि

71 से 84: कम प्रचलित, लोक-उल्लिखित या पारंपरिक संकलनों में मिलने वाले नाम

71. कौस्तुभमणि
72. पद्मराग
73. इन्द्रनील
74. महानील
75. गोपिकांत
76. सोमकांत
77. शंखज

78. विद्रुम

79. वैक्रांत

80. ताम्र मणि

81. हरित मणि

82. धूम्र मणि

83. रक्तप्रभ

84. श्वेतप्रभ

ऊपर दी गई नामावली में कुछ नाम ऐसे हैं जो सीधे आधुनिक जेमोलॉजी में एक निश्चित gemstone name के रूप में नहीं, बल्कि पारंपरिक, संस्कृत, लोक-प्रचलित, रंग-आधारित या प्रतीकात्मक नाम के रूप में मिलते हैं। तभी चौरासी रत्नों की सूचियों में अक्सर शाब्दिक भिन्नता दिखती है। नवरत्नों की सूची अपेक्षाकृत स्थिर रहती है, लेकिन शेष नामों में क्षेत्रीय और परंपरागत परिवर्तन मिलना सामान्य बात है।

इस नामावली को कैसे समझें

इस सूची का उद्देश्य पाठक को यह बताना है कि भारतीय रत्न-परंपरा केवल नौ रत्नों तक सीमित नहीं रही। समय के साथ अनेक पत्थर, उपरत्न, रंगीन खनिज, लोक-विश्वास से जुड़े पत्थर और विभिन्न नामों से प्रसिद्ध रत्न भी इस परंपरा का हिस्सा बने। कुछ का उपयोग ज्योतिषीय रहा, कुछ का सौंदर्यगत, कुछ का धार्मिक, कुछ का तांत्रिक, कुछ का आयुर्वेदिक और कुछ का केवल सांस्कृतिक। इसी कारण इस सूची को "नामावली" की तरह समझना अधिक उचित है, न कि हर नाम को समान स्तर का ज्योतिषीय रत्न मान लेना।

पुस्तक के पाठक के लिए उपयोगी संकेत

यदि कोई पाठक इस सूची को देखकर किसी नाम की ओर आकर्षित हो, तो उसे तुरंत धारण करने की जल्दी नहीं करनी चाहिए। पहले यह

जानना आवश्यक है कि वह नाम आधुनिक पहचान में किस पत्थर के लिए प्रयुक्त होता है, क्या वह वास्तव में उपलब्ध है, उसका सही gemstone नाम क्या है, और उसका उपयोग परंपरागत है, प्रतीकात्मक है या केवल लोक-विश्वास पर आधारित है। रत्न शास्त्र में नाम जितना सुंदर होता है, उतनी ही ज़रूरत सही पहचान की भी होती है।

***

परिशिष्ट 5

सामान्य प्रश्नोत्तर

प्रश्न 1. क्या रत्न पहनना जरूरी है?

नहीं। रत्न जीवन की अनिवार्य वस्तु नहीं हैं। ये सहायक, प्रतीकात्मक या पारंपरिक साधन हो सकते हैं, लेकिन हर व्यक्ति को इन्हें पहनना ही चाहिए, ऐसा नहीं।

प्रश्न 2. क्या बिना कुंडली देखे रत्न पहना जा सकता है?

अगर रत्न केवल सौंदर्य या प्रतीक के रूप में पहना जा रहा है, तो संभव है। लेकिन अगर उसे ज्योतिषीय उपाय की तरह पहना जा रहा है, तो बिना समझे धारण करना उचित नहीं।

प्रश्न 3. क्या उपरत्न उपयोगी होते हैं?

हाँ, कई स्थितियों में उपरत्न व्यावहारिक और अर्थपूर्ण विकल्प हो सकते हैं। लेकिन उन्हें मुख्य रत्न समझकर नहीं, उपरत्न मानकर धारण करना चाहिए।

प्रश्न 4. क्या नकली रत्न कोई असर करते हैं?

सजावटी या मनोवैज्ञानिक स्तर पर कोई व्यक्ति उनसे भावनात्मक जुड़ाव महसूस कर सकता है, लेकिन यदि उन्हें ज्योतिषीय मुख्य रत्न समझकर पहना जाए तो यह भ्रम होगा।

प्रश्न 5. क्या रत्न पहनते ही असर होता है?

हर व्यक्ति पर एक जैसा अनुभव नहीं होता। कुछ लोग जल्दी कुछ महसूस करते हैं, कुछ धीरे, और कुछ को विशेष अनुभव नहीं होता। तुरंत चमत्कार की अपेक्षा उचित नहीं।

प्रश्न 6. क्या नीलम सचमुच खतरनाक होता है?

नीलम को परंपरा में गंभीर और सावधानी वाला रत्न माना गया है, लेकिन इसे केवल डर का रत्न मानना गलत है। यह सही व्यक्ति के लिए उपयोगी भी हो सकता है। बिना समझे धारण करना ही समस्या है।

प्रश्न 7. क्या मोती केवल महिलाओं के लिए है?

नहीं। मोती मन, शांति और भावनात्मक संतुलन से जुड़ा माना गया है। यह किसी एक लिंग तक सीमित नहीं।

प्रश्न 8. क्या पुखराज केवल शादी के लिए पहना जाता है?

नहीं। पुखराज गुरु, ज्ञान, दिशा, शुभता, परिपक्वता, आशीर्वाद और विवाह–सभी से जुड़ा माना गया है। इसे केवल शादी तक सीमित करना ठीक नहीं।

प्रश्न 9. क्या एक साथ कई रत्न पहन सकते हैं?

बिना समझे नहीं। कुछ संयोजन ठीक हो सकते हैं, कुछ नहीं। बहुत सारे रत्न एक साथ पहनने से पहले स्पष्टता जरूरी है।

प्रश्न 10. क्या टूटा हुआ रत्न पहनना चाहिए?

आम तौर पर नहीं। यदि रत्न चटक जाए, टूट जाए या बहुत खराब हो जाए तो उसे दोबारा जाँचकर ही उपयोग करना चाहिए। परंपरा भी इसे धारण न करने की सलाह देती है।

प्रश्न 11. क्या रत्न उतार सकते हैं?

हाँ, यदि आवश्यकता हो तो रत्न उतारा जा सकता है। लेकिन उसे सम्मान के साथ उतारना और सुरक्षित रखना बेहतर माना जाता है।

प्रश्न 12. क्या छोटे रत्न काम नहीं करते?

ऐसा कोई सरल नियम नहीं कि केवल बड़ा रत्न ही उपयोगी होगा। गुणवत्ता, उपयुक्तता, उद्देश्य और व्यक्ति की सहजता भी महत्त्वपूर्ण हैं।

प्रश्न 13. क्या रत्न डॉक्टर या दवा का विकल्प हैं?

नहीं। रत्न किसी भी हालत में चिकित्सा, थेरेपी, दवा, संवाद या परिश्रम का विकल्प नहीं हैं।

प्रश्न 14. क्या ऑनलाइन रत्न खरीदना ठीक है?

ठीक हो सकता है, लेकिन बहुत सावधानी चाहिए। विक्रेता, प्रमाणपत्र, विवरण, वापसी नीति और पत्थर की सही पहचान सब देखना ज़रूरी है।

प्रश्न 15. क्या रत्न हर किसी पर समान असर करते हैं?

नहीं। अनुभव व्यक्ति, उद्देश्य, विश्वास, परिस्थिति और स्वभाव के अनुसार बदलते हैं।

***

शब्दार्थ

आभा

किसी व्यक्ति, वस्तु या रत्न से महसूस होने वाला प्रभाव, तेज़ या उपस्थिति।

उपरत्न

मुख्य रत्न का विकल्प माने जाने वाले कम मूल्य वाले या अपेक्षाकृत सुलभ पत्थर।

उर्जा-शुद्धि

पारंपरिक भावना से रत्न को पुनः शुद्ध या पवित्र करने की प्रक्रिया।

ग्रह-रत्न

किसी विशेष ग्रह से जोड़ा गया प्रमुख रत्न।

ज्योतिषीय उपाय

ग्रहों या जीवन की स्थितियों को संतुलित करने के उद्देश्य से किया गया पारंपरिक प्रयोग।

ट्रीटेड रत्न

ऐसा रत्न जिसका रंग, चमक या रूप सुधारने के लिए उपचार किया गया हो।

प्राकृतिक रत्न

धरती या प्राकृतिक स्रोत से बना वास्तविक रत्न, जो कृत्रिम रूप से प्रयोगशाला में निर्मित न हो।

नकली रत्न

ऐसा पत्थर या पदार्थ जो वास्तविक रत्न न हो, पर उसी जैसा दिखाकर बेचा जाए।

पंचधातु

पाँच धातुओं का पारंपरिक मिश्रण, जिसका उपयोग कुछ आभूषणों या धार्मिक वस्तुओं में किया जाता है।

पारदर्शिता

रत्न के भीतर प्रकाश के गुजरने की क्षमता।

प्रतीक

ऐसी वस्तु जो किसी गुण, विचार या भाव का प्रतिनिधित्व करे।

मंत्र

धारण या पूजा के समय बोला जाने वाला पवित्र ध्वनि-वाक्य या बीजाक्षरयुक्त वाक्य।

मुख्य रत्न

नौ ग्रहों से संबंधित प्रमुख पारंपरिक रत्न।

मानसिक संकल्प

किसी कार्य या धारण के साथ जोड़ा गया स्पष्ट भीतरी उद्देश्य।

मूंगा

समुद्री जैविक स्रोत से संबंधित लाल रत्न, जो मंगल से जोड़ा जाता है।

लहसुनिया

केतु से जोड़ा जाने वाला कैट्स-आई प्रभाव वाला रत्न।

शुद्धि

साफ़ करना, पवित्र करना या पुनः उपयोग के लिए तैयार करना।

संरक्षण

रत्न को सुरक्षित, स्वच्छ और टिकाऊ रूप में बनाए रखने की प्रक्रिया।

सेटिंग

रत्न को धातु में जड़ने की बनावट या पकड़।

***

समापन

रत्न केवल चमकदार पत्थर नहीं हैं; वे हमारे जीवन के सवालों, भावनाओं और संतुलन से जुड़ते हैं। कोई इन्हें ग्रहों से जोड़ता है, कोई ऊर्जा या मनोविज्ञान से, और कोई केवल सौंदर्य से। सच यह है कि रत्न इन सबके बीच अपनी जगह बनाते हैं।

आज के तेज़ जीवन में जानकारी बहुत है, पर ठहराव और स्पष्टता कम। ऐसे में लोग बाहर की चीज़ों में सहारा खोजते हैं, मोती में शांति, पन्ने में स्पष्टता, माणिक्य में आत्मबल, पुखराज में दिशा, नीलम में अनुशासन। यह स्वाभाविक है, पर गलती तब होती है जब रत्न से पूरी ज़िंदगी बदलने की उम्मीद कर ली जाए।

रत्न सहायक हो सकते हैं, पर जीवन मनुष्य ही जीता है। वे संकेत देते हैं, निर्णय नहीं लेते; प्रेरित करते हैं, पर मेहनत और जिम्मेदारी का स्थान नहीं ले सकते। यही समझ उन्हें उपयोगी बनाती है,वरना वही रत्न भ्रम और निर्भरता भी बढ़ा सकते हैं।

परंपरा ने रत्नों को महत्व दिया, पर उन्हें जादू नहीं बताया। उसने संतुलन सिखाया—सम्मान के साथ विवेक। आज यही संतुलन सबसे ज़रूरी है, क्योंकि लोग या तो बिना सोचे मान लेते हैं या बिना समझे नकार देते हैं।

रत्न हमें यह भी सिखाते हैं कि जीवन केवल तर्क से नहीं, अर्थ से भी चलता है। कोई रत्न तब विशेष बनता है जब वह किसी गुण की याद दिलाए-शांति, स्पष्टता, साहस या दिशा। उसकी असली शक्ति उसके भीतर से अधिक, उस संबंध में होती है जो मनुष्य उससे बनाता है।

इसलिए सवाल यह नहीं कि रत्न सूट करता है या नहीं, बल्कि यह कि क्या वह आपको बेहतर बना रहा है। क्या आप उसे समझ से पहन रहे हैं या डर से? उद्देश्य के साथ या दिखावे के लिए? यही अंतर रत्न को अर्थपूर्ण बनाता है।

आधुनिक जीवन में रत्नों की जगह है, यदि उन्हें संतुलन के साथ अपनाया जाए। प्रमाण के साथ विवेक, परंपरा के साथ प्रश्न, और विश्वास के साथ जिम्मेदारी। यही सही दृष्टि है।

हर व्यक्ति को रत्न पहनना जरूरी नहीं, पर हर किसी के जीवन में कोई न कोई ऐसा प्रतीक होता है जिससे वह शक्ति लेता है। कई बार रत्न केवल खनिज नहीं, बल्कि स्मृति, आस्था और संबंध का हिस्सा बन जाते हैं।

अंततः रत्नों का उद्देश्य बाहर की चमक से भीतर के गुण तक ले जाना है। यदि वे आपको आत्मसम्मान, शांति, साहस, स्पष्टता या अनुशासन की ओर ले जाएँ–तो उनका अर्थ पूर्ण है। वरना वे केवल आभूषण बनकर रह जाते हैं।

इस पुस्तक का अंतिम निवेदन सरल है. रत्नों को श्रद्धा से देखें, पर समझ के साथ। उनसे अपेक्षा रखें, पर जिम्मेदारी न छोड़ें। और सबसे पहले अपने भीतर के रत्न को पहचानें, बुद्धि, धैर्य, आत्मबल और सजगता। क्योंकि जब भीतर का रत्न जागता है, तभी बाहर का रत्न सच में चमकता है।

यही इस विषय का सबसे सधा हुआ और सच्चा निष्कर्ष है।

www.ingramcontent.com/pod-product-compliance
Lightning Source LLC
LaVergne TN
LVHW100311210926
848480LV00003B/1093
* 9 7 9 8 9 0 4 3 1 0 7 8 3 *